JN069284

『ショーシャンクの空に』をもう一度みる

The Shawshank Redemption
—— Another Look

Satoru Takahashi
高橋　悟

晃洋書房

目次

第3章 『ショーシャンクの空に』の英文原題を考える

第4章 『ショーシャンクの空に』の主人公の魅力を解き明かす

第5章

第6章

序

この本を手に取ってくださった方はこれまでに少なくとも一度は映画『ショーシャンクの空に』をご覧になった方であろう。一度だけの方もいれば、何度もご覧になった方もいるかもしれない。ひょっとしたらタイトルは知っているけれどもまだご覧になっていない方もいるかもしれない。それでも本書に多少なりとも関心を寄せてくださったことに対し心から感謝申し上げたい。

私としては、この映画がお好きな方と一緒に様々な場面を取り上げながら自由闊達に感想や意見を交わしたい、むしろ自分が知らない視点からこの映画を楽しむ方法を教えていただきたいとかねてから思っていた。そのことを知人に相談してみたところ、まずは私自身の鑑賞の視点や方法を書籍の形で世に出し、読者の方々に本作品を改めて鑑賞する際の一助にしていただいてはどうかとの助言をもらった。すなわちこの本を踏み台にしてもらい、今後のさらなる同好の士の拡大を期待してみてはどうかということであった。すぐさま私は賛同し、この作品が好きで好きでたまらない人向けに書籍を刊行しようと思い立った。本書のタイトルに「もう一度」という言葉が入っている理由はそこにある。是非この名作を「もう一度」、いや「何度でも」じっくりと味わっていただければこの上なくうれしい。

なお、本書はこの映画に対する私個人の見方や価値観を押し付けようとするものではない。そもそも唯一の正しい映画鑑賞の方法などは存在せず、ある意味ではどのように鑑賞してもよいのではないかと思っている。読者の方々には、本書の内容を参考としつつ、「ああ、こんなふうに鑑賞することもできるのだな」と鷹揚に構えて読み進んでいただければ幸いである。

※

映画の中身に入る前に私自身のことを少しだけ書かせていただくことをお許し願いたい。私が『ショーシャンクの空に』を初めて観たのは一九九六年の早春のことであった。それは足かけ五年にわたる南米勤務から日本に帰任する際の飛行機の中であったが、その時はフライト時間の都合上、最後まで観ることができなかった。その一方で、音楽も映像も美しく、どこかスケールの大きさを感じさせてくれる作品であるとの印象を持った。

帰国後、この映画のことはしばらく忘れていたのだが、ある日レンタルビデオ店で偶然本作品を見つけた。早速借りて自宅に戻り、再生ボタンを押した後はストーリーに引き込まれるように一気に最後まで見入ってしまった。そしてエンドロールが流れ出した時、この映画は自分がこれまでに観たどんな映画よりも素晴らしく、また自分が生きている間にこの映画を超える作品に出会うことはないだろうと直感した。それから三十年近い歳月が流れたが、未だにこの映画を超える傑作には出会っていない。もしこの映画を観ていなければ、自分は今までとは全く異なる人生を歩んでいたであろうと思っている。それほど強烈でポジティブなインパクトを与えてくれた作品であった。それは次に述べる私の経歴のせいかもしれないが、今日まで曲がりなりにも目標や希望を持って人生を送って来られたのは、間違いなくこの作品のおかげであると断言できる。気持ちが沈んだ時、大きな決断に迫られた時、何度この映画を観て奮い立つことができたかは数知れないほどである。

※

それは『ショーシャンクの空に』を観る前のことであった。私は大学卒業後、総合商社に就職したが、夢に描いていた姿と現実はかけ離れたものであった。体育会系の組織風土にあって利潤の追求に汲々とする日々に疑問を抱いていた頃、たまたま新聞紙上で発展途上国を支援する公的機関の求人広告に目が留まった。より直接的に社会貢献に結びつく仕事をしたいと思った私は、平日昼間の一次試験、二次面接をどうにか受け、幸運にも内定を得て同機関への転職を果たした。一九八〇年代後半の携帯電話もインターネットもない時代に、誰にも気づかれないよう隠密裏に行動する自分のことを「これではまるで忍者かスパイだ」と滑稽に思うほどであった。その時はよくわからなかったが、今にして思えば、自己実現を希求していた二〇代半ばの自分にとって、この転職はいわば最初の「脱獄」に当たるものであった。

私にとって次の「脱獄」の経験は『ショーシャンクの空に』を観た後のことである。南米から日本に戻り、勤務先の留学制度を利用して米国の大学院（修士課程）に留学したいという気持ちが高まっていた頃であった。しかしすでに三〇代半ばに達していた私の希望に対し、上司は首を縦には振ってくれなかった。それなら無給でも構わないので休職し復職することを条件に留学させてほしいと懇願したが、残念ながら組織としての回答はノーであった。となれば、完全に退職して留学する以外に自分の志を実現する道は残されていなかった。そこで外部の奨学金給付機関の試験や面接を受け続け、最終的に唯一、ある公益財団法人から奨学金をもらえることになった。そして転職後一〇年間務めた公的機関を退職し、職員住宅からも退去し、完全に無職となって一九九八年夏に単身渡米した。実はこの時、専業主婦の妻と幼い子ども二人を抱えていたが、当時の自分には家族を連れて行く経済力はなかったのである。将来のことを考えると不安だらけであったが、ともかくも三〇代半ばの私にとってそれが二回目の（本映画鑑賞後の最初の）「脱獄」であった。

米国から帰国後もより一層の働き甲斐と社会貢献の道を探り、「脱獄」ともいえる転職を繰り返すのだが、細かく記述すると紙幅が足りなくなってしまうためここでは割愛する。あえて要約すれば、官民双方の大小組織で交互に働きつつ、その途中で博士号を取得し、度重なる教員公募を経て、本書発刊時点で三校目となる大阪の私立大学に勤務し、そして奇しくも外国映画研究のゼミ（卒論指導）を担当している。もちろんそこに至るまでの過程は順風満帆とは言えず、何度も「地獄」を見たことは言うまでもない。本書の第6章は恥ずかしながら自身の紆余曲折に満ちた実体験から着想を得たものである。

※

ここからは本作品の概要と評価について書いていきたい。『ショーシャンクの空に』は一九九四年に公開されたアメリカ映画である。脚本と監督はフランク・ダラボンが担当している。原作者は言わずと知れた作家・スティーヴン・キングであり、彼が一九八二年に発表した『刑務所のリタ・ヘイワース』（原題：*Rita Hayworth and Shawshank Redemption*）という中編小説がベースとなっている。

主な舞台は米国東部メイン州のショーシャンクという架空の地にある刑務所である。時代設定は一九四〇年代後半から一九六〇年代後半までの約二〇年間である。

主人公はアンディ・デュフレーンという長身痩躯の男であり、三〇代の若さで州内の港湾都市ポートランドにある大銀行の副頭取を務める超エリートであった。しかし彼は私生活では妻の不貞行為に苦しんでいた。ある晩彼は酩酊して妻の愛人宅に行き、そこで逢引きしている二人を銃殺したとして終身刑二回分を宣告される。しかしこれは全くの冤罪であり、真犯人は別にいたことが後に判明するのだが、あやふやな記憶に基づく彼の証言は裁判官や陪審員の心証を害し、結局ショーシャンク刑務所に投獄される。そこは悪辣で暴虐の限りを尽くす刑務官と囚人たちの巣窟であった。

彼は非道な仕打ちや扱いを受けながらも、悪夢のような生活を耐え忍ぶ。そして元銀行員としての専門知識やスキル、幅広い教養を活かして徐々に周囲の信頼を勝ち得、刑務所内でなくてはならない存在へと自らの立場を高めていく。その過程でレッドという名の囚人と友情の絆を結ぶ。そして入獄から一九年後、独房の壁から人知れず掘り進めたトンネルを通じて見事脱獄を遂げ、メキシコの太平洋岸の町に落ち着き、ホテル経営に取りかかる。その後ほどなくして仮出所し、自分を追いかけてきたレッドと真っ青な空の下、白い砂浜の上で感動の再会を果たすというシーンで幕を閉じる。

ちなみに主人公のアンディ役は俳優のティム・ロビンス、親友のレッド役はモーガン・フリーマンが務めているほか、味のある老囚人のブルックス役をジェームズ・ホイットモア、悪徳刑務所長のノートン役をボブ・ガントンが演じている。

※

本作品は、二〇〇九年に民間のシンクタンク・産労総合研究所が二〇代、三〇代のサラリーマン一〇〇〇人に対して行った「はたらく姿、生きる姿を描いて印象に残った映画」に関する調査において第一位に輝いている。とりわけ絶望的な状況にあっても諦めない主人公の姿が回答者の共感を呼んだようである。また『日経デジタルマーケティング』誌（二〇一七年一一月号）によれば、消費者三万人を対象に実施したブランドデータバンク調査の「男性に人気の映画ランキング」で二〇一一年に九位、二〇一六年に九位となっている。また同調査の「女性に人気の映画ランキング」では二〇一一年に六位、二〇一六年に八位となっており、陰惨な刑務所を舞台とした映画であるにもかかわらず、相対的にはむしろ女性からより高い支持を集めている。

さらに海外に目を向けてみると、英国のCassell社が毎年発行している『死ぬまでに観たい映画一〇〇一本（*1001 Movies You Must See Before You Die*）』（Schneider編）に継続して掲載されているほか、米アマゾンの子会社であるインターネット・ムービー・データベース（IMDb）社の国際的な「映画ランキング（*IMDb Top 250 Movies*）」でも、二〇二三年一月末時点で堂々の首位（一〇点満点中九・二点）を堅持している。ちなみに第二位は『ゴッドファーザー』（九・二点）、第三位は『ダークナイト』（九・〇点）、第四位は『ゴッドファーザー Part II』（九・〇点）、第五位は『十二人の怒れる男』（九・〇点）と続いている。

このように一九九四年に公開されたにもかかわらず、二一世紀に入ってからもなおファン層の堅調な拡大が全世界的に続いていることから、本作品はすでに不朽の名作の仲間入りを果たしていると言っても決して過言ではないであろう。

ちなみに海外では本映画だけを取り上げた本格的な単行本が数冊刊行されている。詳細情報は巻末の「参考文献」をご覧いただきたいが、ここでは以下の三冊の書名、著者、発行年を列記する。

- *The Shawshank Redemption*（Kermode, 2003）
- *The Shawshank Experience: Tracking the History of the World's Favorite Movie*（Grady & Magistrale, 2016）
- *The Shawshank Redemption Revealed: How One Story Keeps Hope Alive*（Dawidziak, 2019）

このように海外では本映画に特化した書籍が出版されているものの、日本国内ではシナリオやスクリーンプレイ（セリフの書かれた脚本）以外には目立った書籍は刊行されていない。本書はいわばその先駆けともいえるものであるが、いずれは『ローマの休日』（一九五三）や『サウンド・オブ・ミュージック』（一九六五）のようにこの映画を深く解説したり読み解いたりする本が次々と発刊されていくことを望んでいる。

※

これまでの批評や論考では、本作品に通底する大きなテーマとして、「希望」「友情」「宗教性」などが多く取り上げられてきた。

特に「希望（hope）」という言葉は、主人公のアンディ自身が作中で発するほか、彼がレッドに宛てた手紙の中でも使われていることから、最も多く挙げられるテーマの一つである。この手紙の具体的な文言については第1章で取り上げるが、例えばNathan（2019）は本作品のことを「逆境にめげない希望への讃歌」と評している。またGrady & Magistrale（2016）は、アンディが制約下にあって屈服することなく、決して希望を失わず、未来を志向し、図書室作りや読み書きできない囚人に対する教育、圧政的な施設におけるトンネル掘り、他者との交流など、常に新しい可能性を思い描いていたことに論及している。

次に「友情」については、黒川（二〇〇九）が「塀の中の友情」、金澤（二〇一七）が「男同士の友情」という簡明な言葉で表現している。また本作品の監督であるダラボン自身も原作小説のことを「メイン州の架空の刑務所内における二人の服役囚の何十年にもわたる友情を描いた、優しくてとてつもない物語」と評している（Darabont, 1996）。さらに興味深いことには、ボグズという名の悪役を演じたマーク・ロルストン（Mark Rolston）が二〇一二年に英国メディアから取材を受けた際に、本作品は「友情（friendship）」を描いたものだと間髪を入れずに答えている。その直後に彼は「それと信頼（trust）かな」と言葉を足し、でもやっぱり友情が主であり、それが皆の心を共鳴させているのだろうと言い直している。その他、興味深いものとしては、本作品は友情を装いながらも実は「同性愛」を描いた作品であるとの見方（國友、二〇一五）もある。

最後に「宗教性」に関しては、本作品の英文原題に *redemption* という「贖罪」「救済」という意味の語が含まれていることから、紛れもなくキリスト教的作品であるとの主張がある（服部、二〇一九）。またラインハルツ（栗原訳、二〇一八）は、アンディが時に自己を犠牲にしてまで愛他的に振る舞い、他の受刑者を解放しようとする姿はキリスト的人物像を象徴していると評している。そして脱獄直後に雨天に向かって両手を広げるポーズは十字架を模しており、このポーズは「刑務所での古い自己に死をもって別れたこと、そして勝利したことを意味する」とも語っている。その一方でラインハルツは、キリスト教的要素は一種の小道具であり、それがなくても物語としては十分に成立すると述べている。さらに濱野（一九九九）は、英文原題や内容とは無関係に、「このドラマに宗教性を感じることはほとんどない」とさえ言い切っている。このように宗教性に関しては先行研究においても見解が分かれているところである。

なお、先に挙げた *redemption* という多義的でやや難解な語を含む英文原題（*The Shawshank Redemption*）については第3章で論じることとする。

※

本章は第1章から第7章及び補章の全八章で構成されている。第1章では本作品を脱獄映画として観る場合、他の脱獄映画と比べてどのような点が独創的であるかを分析・検証する。比較対象作品は、『手錠のままの脱獄』（一九五八）、『穴』（一九六〇）、『暴力脱獄』（一九六七）、『パピヨン』（一九七三）、『ミッドナイト・エクスプレス』（一九七八）、『アルカトラズからの脱出』（一九七九）の六本であり、いずれ劣らぬ往年の名作である。

第2章では、先行文献を踏まえたうえで、スティーヴン・キングの原作小説『刑務所のリタ・ヘイワース』（一九八二）と本映画を比較し、未だ語られざる相違点をあぶり出す。物理的・生物学的な事柄に関する相違点と、抽象的・概念的な事柄に関する相違点を特定することによって、ディープでマニアックなファン層の好奇心を満たせればと思っている。

第3章では、英文原題（*The Shawshank Redemption*）に含まれる *redemption* という多義的な語に焦点を当て、その元となる動詞 *redeem* の意味を探ることを試みる。詳しくは後述するが、この単語が豊穣で示唆に富んだ本作品の内容を余すところなく包摂していることをつまびらかにする。

第4章では、主人公アンディの言動を、ロバート・L・カッツが唱えた三つの基本スキル（技術的スキル、対人的スキル、概念化スキル）の視点から分析する。その作業を通じてアンディの魅力のみならず、本作品全体に対する高評価の内実に迫ることを試みたい。

第5章では、アンディが実現したものとはいったい何であったのかを読み解く。それに際し、ロングセラー『夜と霧：ドイツ強制収容所の体験記録』の著者としても知られるヴィクトール・E・フランクルが唱えた三つの価値の視点から、アンディの言動を分析する。この視点を採用する理由は、片方はフィクション・映画・刑務所、もう一方はノンフィクション・書籍・強制収容所という違いはあるものの、アンディとフランクルという人物には特筆すべきいくつかの共通項が認められるからである。

第6章では、超エリートから終身犯へと転落し、一九年もの歳月を経て脱獄を遂げ、メキシコに渡ったアンディの経歴を「キャリア・チェンジ・ストーリー」としても鑑賞しうるか否かについて検証する。さらにもし彼がキャリア・チェンジの成功者といえるのであれば、どのような資質や行動特性、戦略などを彼が具備・具現化していたのかについても考察する。

第7章では、アンディと漫画『鬼滅の刃』の主人公・竈門炭治郎の言動を対比する。意外な組み合わせと思われるかもしれないが、両者が共通して持つと考えられる「レジリエンス（再起力）」に着目し、その構成要素である「感情調整力」「衝動制御力」「原因分析力」「楽観力」「自己効力感」「共感力」「働きかける力」の七つの能力に沿って順次分析を行う。

最後の補章では、本映画に潜む謎や不思議あるいは不可解と思われる場面や状況設定について取り上げる。この作品をおそらく五〇〇回以上観てきた私にとっても「謎」に包まれた点はいくつもあり、是非それらを本作品を愛してやまない読者の方々と分かち合いたい。

なお、本書では文学テキストの解釈技法（戸松、二〇一二）を映画テキストに応用し、作品を繰り返し鑑賞しつつ、映像上に表現された言葉や事柄の意味や関連性を読み解き統合していくという解釈学のアプローチを採用する。久米（二〇〇五）によれば、解釈学とは「テキスト解釈の方法と理論を扱う学問」であり、「その場合のテキストとは、文字で表現された文書や文学作品だけでなく、現代では神話や夢、芸術作品など、解釈を要するあらゆる形式の言語作品までも含まれる」という。したがってこのアプローチはテキストを含む脚本に基づいて構成された映画に関しても十分に適用可能であると思われる。

以上、第1章から補章までを読者の方々が通読することにより、この豊穣で壮大な作品を改めてじっくりと味わうための新たな視点やレンズ（視覚補助具）を手にしていただければと願っている。そして鑑賞後、より力強く生きるための糧としていただければそれに勝る喜びはない。それこそが本書の目的であり、心からの私の「希望（hope）」である。

付記

本書では「製作」ではなく「制作」という言葉を用いることにする。両者は実際には混然と使用されているようであるが、『広辞苑』（新村編、二〇一八）によれば、後者は「美術品や映画・放送番組などをつくること」と定義されていることから、本書では後者の表記に統一する。

その他、本書で用いた写真はすべて著者自身が二〇二二年八月に渡米し、本映画のロケ地であるオハイオ州のマンスフィールド（Mansfield）、アッパーサンダスキー（Upper Sandusky）及び周辺地域で撮影したものである。その際に対象施設・物品の管理者には本書への掲載許可を得ていることを付記する。

第１章

『ショーシャンクの空に』の脱獄映画としての独創性

――他の名作六本との比較を通じて――

ショーシャンク刑務所
（オハイオ州マンスフィールド）
実際に刑務所（Ohio State Reformatory）として使われていたが1990年に閉鎖され、現在は一部だけを残してミュージアムになっている。年間来訪者は約18万人。

現在のミュージアムの内部（６階建て）
映画の中の監房棟は作り物のセットであり、実在の施設とは異なる。

1　比較対象作品の選定

『ショーシャンクの空に』は国内外で極めて高い評価と支持を得ているが、本章ではその理由を探ってみたい。他方、その作業を行うためには本作品だけを取り上げて自己完結的に論じるだけでは客観性に欠ける恐れがある。したがって他の脱獄映画と比較する必要が生じるが、それらの選定に際しては以下の文献を信頼できるソースとして参照する（詳細情報は巻末の「参考文献」に記載）。

- *American Prison Film Since 1930*（2006）
- *1001 Movies You Must See Before You Die*（2021）
- *Prison Movies*（2017）

これらの各文献は数多くの映画を取り上げているが、その分量はまちまちである。そこで対象映画の選定にあたっては便宜上、右記の一冊目に関しては十ページ以上の紙幅を割いている映画を選び出した。二冊目については半ページ以上の論評を掲載している作品を、三冊目に関しては二ページ以上にわたって論述しているものを選定した。いくつか重複も見られるが『ショーシャンクの空に』と対比するのにふさわしい映画として六つの作品を抽出することとした（**表1-1**参照）。

なお、本章における作品選定に際しては、個人の責に帰さない戦争捕虜収容所からの「脱走」を描いた映画、及び最新のハイテク装備の刑務所から目まぐるしいアクションを駆使して脱獄を試みる映

表１−１　『ショーシャンクの空に』及び比較対象作品の一覧

タイトル（公開年）	American Prison Film Since 1930	1001 Movies You Must See Before You Die	Prison Movies
手錠のままの脱獄（1958）	×	○	○
穴（1960）	×	○	×
暴力脱獄（1967）	○	○	×
パピヨン（1973）	×	○	×
ミッドナイト・エクスプレス（1978）	○	×	○
アルカトラズからの脱出（1979）	○	×	○
ショーシャンクの空に（1994）	○	○	○

出所）著者作成。

画は除外した。

２　比較対象作品の基本情報とあらすじ

（１）『手錠のままの脱獄』

本作品（英文原題：*The Defiant Ones*）は一九五八年に公開されたアメリカ映画である。舞台は主人公（二人）のセリフから米国中西部と推測される。また時代設定は制作時と同じ一九五〇年代と考えられる。

本作品は、囚人護送車の転落事故に紛れて外の世界に出た二人の囚人の逃避行を描いたものである。邦題は『手錠のままの脱獄』であるが、計画的な脱獄の話ではない。

囚人の一人はジャクソンという名の白人で、もう一人はカレンという名の黒人である。この映画の最大の特徴は人種の異なる二人が一つの手錠で繋がれたまま逃走することである。彼らは激しい人種間憎悪に基づき、口論し、時に殴り合う。しかし手を取り合って川を渡り、野宿し、互いの身の上を語り合う中で次第に信頼と友情を育んでいく。

途中、彼らは少年と母親が二人きりで住む僻地の家を訪れ、道具を借りて手錠を壊す。しかしジャクソンは手首の擦傷がもとで高熱を出す。彼を献身的に看病するその母親は夫に捨てられ、心に虚しさを抱えていた。そんな彼女に対し彼は、それを埋めるのは涙ではなく「夢」だと諭し、刑務所内で普段やっている空想の仕方を教える。

翌朝、その家を去った二人は疾走する列車に飛び乗ろうとする。まずカレンが成功し、追走する相手に必死に手を差し伸べる。しかしジャクソンは転倒し、カレンもまた列車から落ちてしまう。この時カレンは自分だけが逃走しようと思えばそのまま列車に乗り続けることもできたがそうはせず、相手を助ける行動に出たのである。このシーンは本作品のクライマックスといえるであろう。

二人は草むらに座り込み、近づく捜査犬の鳴き声を聞いて観念する。この時、二人の顔には笑みが浮かんでおり、それは逃走には失敗したものの互いを一人の人間として認め合えたことに対する満足感の表れであると読み取れる。

(2)『穴』

本作品（仏文原題：*Le Trou*）は一九六〇年に公開されたフランス映画である。実在するパリのサンテ刑務所で一九四七年に起きた事件に基づいて制作されている。時代設定は明示されていないが、一九四〇年代か五〇年代と推定される。

脱獄の首謀者は、一つの監房に入っている四人の囚人である。彼らが脱獄を企んでいるところに、一人の男が転房してくる。このガスパールという名の新入りは彼らの中では二七歳と最も若く、どこか繊細で弱々しい。

この中で唯一、ガスパールの罪状が詳しく明かされる。ある日彼は妻と喧嘩をした際に銃で妻を負傷させてしまう。その妻が彼を殺人未遂の科で告訴している。こうしてガスパールが自分のことを正直に話したことによって、他の四人は彼を信用し、脱獄の共謀者として仲間に引き入れる。

彼らはあり合わせの物を使って道具を作り、監房の床下を叩き割って穴を掘り続ける。そしてついに外界につながるマンホールへと行き着く。この時、ガスパールとマニュという二人の囚人が蓋を開けて早朝の町を眺めるのだが、彼らは仲間を裏切ることなく自分たちの部屋へと引き返す。ちなみに床下を叩き割ってからマンホールに到達するまでの期間は一週間か二週間程度と考えられる。

決行当夜の昼間、突如ガスパールは所長室に呼ばれ、妻が告訴を取り下げたため釈放される可能性があることを知らされる。両者の映像はここで途絶えるが、この面談は長時間に及ぶ。その夜、彼らは穴にもぐり込む寸前に看守たちによって取り押さえられる。刑務所側は脱獄決行の時刻を正確に把握していたのである。おそらくガスパールは所長に巧みに尋問されすべてを白状していたのであろう。怯えた表情を浮かべるガスパールに対し、「哀れだな」と捕まったほうのリーダー格の囚人が言い放つ。そして所長の指示でガスパールが別の部屋に移され施錠される場面で物語は終わる。

本映画は、刑務所という隔絶した一つの小世界にあって、未決囚でありながらも、人間の誠実さとはいかなるものか、難題に直面した時に心の葛藤とどう向き合うか、ということを観る者に考えさせる作品である。なお、作中にはバックミュージックは一切使われていない。それにより床下を叩く音や、地下を流れる水の音などがよりいっそう引き立てられている。またこの刑務所には囚人服も共同食堂も厳しい労役もない。体制側としては所長だけが人間味のある役を演じている。

（3）『暴力脱獄』

本作品（英文原題：*Cool Hand Luke*）は一九六七年に公開されたアメリカ映画である。舞台は米国フロリダ州であり、時代設定は第二次世界大戦終了後の数年間と考えられる。

主人公はルークといい、公共物損壊罪で二年の刑に処される。彼は戦争で多くの功績を残しているが、入所時に罪を犯した理由を所長から尋ねられると、暇つぶしだと笑って答える。Gonthier（2006）は、ルークのことを典型的なアンチ・ヒーローであり、究極のアウトサイダーであると評している。彼は誰に対しても反抗的な態度を取って当初の日々を過ごす。しかし数々の奇行や愉快な行動を通じて他の囚人たちを驚かせ、彼らの心を捉え、いつしか人気者になる。

ルークは計三回の脱獄を図る。最初の二回は捕まって連れ戻されるが、三回目は教会の中にいるところを銃で撃たれて命を落とす。ラストシーンでは、休憩中の囚人たちがルークの屈託のない笑顔を共に懐かしみ、続いて道路脇の草刈り作業の全景がズームアウトされる。

以上があらすじであるが、この作品には一つの大きなテーマが流れているように思われる。町山（二〇一七）はそれを「実存主義」と呼び、ルークはすべてに絶望し、虚無感に支配されていると指摘している。この言葉を平易に言い換えるならば、神の存在を否定する考え方となるであろう。すなわち神が人間を創ったのではなく、人間の想像力が神を作ったにすぎないとする考え方である。ルークには信じるに足るものがなく、脱獄後に実現したいこともなく、脱獄という行為が自己目的化しているのである。

一方で、この映画はルークをキリストに所々で見立ててもいる。彼は突拍子もないことをしたり楽器を奏でたりして、他の囚人たちを癒し楽しませようとする。こうした愛他的行動を取る彼の姿を見て、ブロードキャスターのピーター・バラカン（二〇〇二）は「抑圧的な権力の下で生き甲斐を失っている囚人たちに希望を与えるルークは、一種の救世主のように見える時がある」と述べている。なお、作中ではルークと共に入所した数名の囚人以外はその罪状は不明である。受刑者たちは普通の人間のようにも見え、まるで窮屈なルールや規範に縛られ、権威・権力に支配された現実社会を従順に生きる我々のようでもある。本映画が今でも、とりわけ米国において根強い人気を誇る理由の一つは、人間が恐れるべき神や死をも恐れないルークの生き方に観る者の反骨心が揺さぶられるからなのかもしれない。

(4)『パピヨン』

本作品（英文原題：*Papillon*）は一九七三年に公開されたアメリカ映画である。舞台は仏領ギアナである。時代設定は不明だが、この作品の原作となった脱獄者アンリ・シャリエールの自伝小説に基づけば一九三〇年代前半から一九四〇年代前半にかけての話になる。

題名の『パピヨン』はフランス語で蝶を意味し、胸に蝶の刺青のある主人公の呼称から来ている。彼は犯してもいない殺人の罪で終身刑を言い渡され、ギアナのサン・ローラン刑務所に投獄される。ただし金庫破りをした事実は認めている。

彼は計三回脱獄を図る。最初の脱獄後はすぐに捕まり、沖合の島の独房に二年の刑期で移送される。ここでドガという国債偽造罪で服役中の囚人から密かに食事が差し入れられていることが独房長にばれ、よりひどい仕打ちを受けることになる。しかし強靭な精神と肉体を持つ彼は節足動物を捕まえては食べて生き延びる。

どうにか二年を経たパピヨンはサン・ローラン刑務所に戻されるが、ある夜の演奏会中に二回目の脱獄をする。この時のメンバーは彼とドガともう一人である。他の二人は途中で捕まってしまうが、彼は逃亡を続ける。しかしやがて捕まり、再び島の独房に監禁される。そこで彼は廃人に近い姿となって五年の刑期を終える。

その後、彼は絶海の孤島に移送され、偶然にもそこでドガと再会する。この島に鉄格子はないが、鮫と潮流が脱獄を阻んでいる。しかし彼は潮の流れを分析し、周期的に来る大波に乗れば沖まで出られることを発見する。ドガは島に留まるが、彼は断崖絶壁から海に飛び込み、ヤシの実を詰めた袋を筏にして大陸へと渡る。最後に「パピヨンは自由を手に入れた。そしてその余生を自由人として送った」というナレーションが入る。

以上が大まかなストーリーである。先に紹介した『手錠のままの脱獄』では人種を越えた友情が描かれているが、本作品でも同じ白人同士ながら囚人間の固い友情が描かれている。パピヨンは食事を差し入れた者を白状するよう独房長から拷問を受けるが、ドガを守るため最後まで口を割ることはなかった。

なお、この作品では刑務所内で囚人から看守への賄賂が横行していること、そして何よりも脱獄が成功するという点で前掲の三作品と異なっている。

（5）『ミッドナイト・エクスプレス』

本作品（英文原題：*Midnight Express*）は一九七八年に公開されたアメリカ映画である。実話に基づく物語の舞台はトルコのイスタンブールであり、時代設定は一九七〇年から七五年までである。なお、映画のタイトルは作中の刑務所内で使われている脱獄を意味する隠語である。

主人公はビリーという米国人の青年である。彼は恋人と一緒にトルコ旅行を終え、帰りの飛行機に搭乗する直前で麻薬の不法持ち出しが発覚し、四年二カ月の刑を言い渡される。狂気と暴虐に満ちた獄中生活をビリーは耐え抜くが、出所まで残りわずかとなった時、彼の刑は再審に付され、無情にも三〇年に延びることが最高裁で確定する。

その後、ビリーは二回の脱獄を試みる。一回目は他の囚人の密告によって失敗に終わる。時は流れ、ある日突然、恋人が刑務所を訪ねて来るのだが、彼女が置いていったアルバムの中には米ドル紙幣が隠されていた。ビリーは所長と面会し、紙幣を差し出して病院への移送を願い出る。彼はその病院から脱出するつもりであった。しかし所長は紙幣だけを受け取りビリーに乱暴しようとする。ここで彼は所長を突き飛ばして死なせてしまう。思いがけない展開となったが、彼は所長が身に付けていた制服に着替え、ひっそりと所外へと出る。そして三週間後に無事米国に帰国する。こうして二回目の脱獄は成功する。

本作品には次の五つの特徴があると考えられる。第一に、この物語は誰にでも起こり得ることであり（田山、一九七八）、ほんの出来心でしたことが外国では重罪となりかねないことを教えている。第二に、本作品は人間の「罪」と「罰」とは何かという問いを観る者に投げかける。三〇年の刑を言い渡された時、ビリーは時代や場所によって変わる法の曖昧さと恣意性を嘆く。第三に、この映画は主人公にとって外国を舞台にしていることである。異国の人間たちの会話は字幕に示されず、視聴者は主人公と共に不安と恐怖を募らせる（皆川、一九七八）。第四に、本章で扱う計七作品のうち本映画だけが主人公が犯行に及ぶまでの過程を克明に描いている。最後に、本作品では主人公と他の囚人が互いの裸体を撫で合う場面が映し出される。短い時間だが、絶望的・閉鎖的な環境下において人間が向かう一つの性的傾向を当時の制作者が描いたものと考えられる。

（6）『アルカトラズからの脱出』

本作品（英文原題：*Escape from Alcatraz*）は一九七九年に公開されたアメリカ映画である。実話に基づく物語の舞台は米国サンフランシスコ沖のアルカトラズ島内の刑務所であり、時代設定は一九六〇年からの約二年間である。同刑務所は厳重に監視されており、たとえ海へ出ても寒流で溺死すると考えられている。ここにフランクという名の囚人が移送されてくる。彼の罪状や刑期は不明だが、脱獄歴があり、知能指数は極めて高い。

ある日彼は自分に近寄ってきた巨体の囚人を殴り倒すが、一方で囚人のボス、ネズミを飼う囚人、絵を描くのが好きな囚人、隣室のバッツという囚人らと親しくなる。のちに彼はこうした仲間に助けてもらうことになる。ちなみにこの中では囚人のボスだけが黒人である。彼はフランクを気に入り、両者の間にはほのかな友情ともいえる信頼関係が醸成される。彼らの関係は『ショーシャンクの空に』のレッドとアンディの関係を彷彿とさせるものがある。

その後フランクは以前同じ刑務所にいたアングリン兄弟と食堂で出くわす。これにバッツを加えた四人で手分けし、脱獄に向けて作業を進める。ある夜、ついに彼らは脱獄を決行する。バッツはもたつき、結局フランクとアングリン兄弟の三人が海へ出るが、その後の彼らの消息は不明である。最後に、徹底した捜索にもかかわらず溺死体は発見されず、その後一年を経ずして同刑務所が閉鎖されたことをキャプションが伝える。

以上があらすじであるが、この映画には次の六つの特徴があると考えられる。一つ目は、前掲の五作品と異なり、「無色透明なヒーロー」（宇田川、一九七九）と形容されているように、主人公に人間臭さが全くないことである。二つ目は、獄中にあって心の平静さを保つための要素として「趣味」が取り上げられていることである。絵を描くことや小動物を飼うことがその囚人にとって大きな生き甲斐となっている。三つ目は、全室独房であることである。『パピヨン』にも独房はあったが、それは懲罰用の期間限定の個室であった。四つ目は、主人公が脱獄用の道具（爪切り）を備え付けの聖書とカバーの隙間に隠していたことである。五つ目は、主人公が壁の削り屑を外で歩きながら捨てる場面が描かれていることである。六つ目は、脱獄の成否、より正確に言えば脱獄後の生死が明らかにされていないことである。よって脱獄者たちの生死は最終的に観る者の憶測や期待に委ねられている。

ちなみにネズミを飼う囚人は『ショーシャンクの空に』の中でカラスを飼うブルックスを想起させる。加えて、施設が全室独房であること、主人公が巧みに削り屑を屋外で捨てること、聖書の中に脱獄道具を隠し持つことも両作品に共通している。

3 『ショーシャンクの空に』の独創性

本書の「序」では『ショーシャンクの空に』に通底する大きなテーマとして「希望」「友情」「宗教性」などが多く取り上げられてきたことを述べた。これらに加えて齋藤（二〇〇三）は、アンディの周到な準備から実行に至るまでの根気、持続力、見通す力に着目し、際立ったテーマとして「段取り力」を挙げている。

しかし「希望」「友情」「宗教性」「段取り力」は他の作品においても扱われている。そもそも自由の身になることを渇望し、不撓不屈の精神で周到な計画を練り、仲間の協力を得なければ脱獄することはむずかしい。また刑務所という絶望的状況下にある囚人であっても、一人の人間としてその懊悩や煩悶の中に宗教性、なかんずくキリスト教的要素を織り込むことは欧米映画であれば十分に考えられることである。

そこで本節ではこれまでに解説した六作品の概要と特徴を踏まえたうえで、『ショーシャンクの空に』にしかみられない独創的特徴を以下に一二点挙げることにしたい。

(1) 冤 罪

他の紹介作品と異なり、『ショーシャンクの空に』の主人公アンディだけが「冤罪」で投獄される。

これにより視聴者は自ずと彼に同情を寄せることになる。『パピヨン』の主人公は、殺人はしていないと主張するが、金庫破りの罪は犯しており、親友のドガが国債偽造の罪で島流しにされたことを考えれば、どのみち彼もドガと同程度の刑罰を受けるはずであったと推測される。これに対してアンディには前科もなく全くの無罪であった。

なお、映画ではないものの本作品の中で寄贈図書の一冊として出てくるアレクサンドル・デュマ原作の小説『モンテ・クリスト伯』では、恋敵、同僚、検事代理の三人によって主人公ダンテスが陥られ、無実の罪で投獄される。他方、『ショーシャンクの空に』では、後半に実際に銃の引き金を引いた真犯人が映し出されるが、その男はアンディを罠にはめようと仕組んで犯行に及んだわけではない。

(2) 高い社会的地位

アンディは三〇代の若さで大銀行の副頭取を務めていた。他の作品の主人公は皆、どちらかといえば労働者階級・中流階級かそれ以下、あるいは不明である。一般社会で超エリートだった彼は、刑務所という理不尽で残忍な世界に閉じ込められ、それまでの人生とは全く異なる劣悪かつ陰惨な環境で生きていくことを余儀なくされる。ある一日を境に生じたその落差は、察するに余りあるものである。

（3）豊かな教養と深い専門性

アンディが刑務官から信頼を勝ち得、仲間から一目置かれる存在へと変わっていったのは、彼の教養と専門性に負うところが大きい。鉱物や音楽への造詣が深く、適当な石を拾って研磨布を使ってはチェスの駒を作る。また王様の遊びとされるチェスにも強い。さらに州議会に六年間毎週手紙を送って陳情した結果、大量の書籍やレコード、小切手の寄贈を受け、その中から仲間に聞かせたい楽曲を適切に選び出す。また書籍をジャンル別に分類し、刑務所内に立派な図書室を作り上げる。その他、聖書に関してはその細部に至るまで刑務所長と比肩するほど精通している。そして彼は、脱獄決行の夜が雷雨になることも前もって把握し、その日に照準を合わせていた可能性が高い。なぜなら下水管を石で砕く時に発生する大きな音をかき消すには、その時間帯に雷鳴が轟く必要があったからである。なお、『アルカトラズからの脱出』の主人公フランクも高い知能指数の持ち主であるが、その能力を感じさせるのはもっぱら皮肉を言ったり暴力を回避したり悪知恵を働かせたりする場面であり、彼から教養に裏打ちされた品性を感じ取ることは困難である。

アンディは教養に加え、銀行員として培われた専門性も存分に活かす。例えば刑務主任のために相続税免除の手続きをしたり子どもに良い教育を受けさせたいと願う看守の資産形成に助言したりする。さらに別の刑務所の看守たちの確定申告までも支援する。

アンディの有能さを聞きつけた刑務所長は刑務主任に指示し、アンディに繰り返し暴行を働く囚人を文字どおり叩き潰し、囚人用の病院へと片道切符で送り出す。そしてアンディを洗濯係から図書係へと格上げする。他方、行政手続きや法律全般に通じ、それらの抜け道も知悉しているアンディは、汚職にまみれた所長の資金洗浄までも手伝わされるはめになる。こうして彼は良くも悪くも刑務所内で不可欠な存在となっていく。

人間が苦境や逆境にあって、それでもなおかつ人生をたくましく生き抜く上で、いかに教養が大切であり、どれほど専門的な知識やスキルが役立つかということをこの映画は教えてくれる。

（４）広範で持続性のある利他的行為

アンディは自らの強みを活かして仲間を癒したり刑務官を助けたりする。刑務主任の相続手続きを無償で行うのと引き換えに、彼から囚人たちにビールをご馳走してもらう。また美しい曲を拡声器から流し、その科で懲罰房に入れられるが、出た後には仲間と協働し、仮釈放中に自殺した元図書係の老囚人・ブルックスの名前を冠した記念図書室を作る。こうして囚人たちは日常的に芸術に触れられるようになる。またトミーという家族持ちの若い囚人に教育を施し、高卒資格を取ることを支援する。こうして彼は自分に危害が及ぶことを承知で、数々の利他的行為を率先して行うのである。

他の作品の主人公たちにも利他的なところは見られるが、その対象はごく少数の仲間に限られている。例えば『暴力脱獄』のルークの場合、その行動は刹那的で一時的な影響力しか持たない。これに対してアンディの利他的行為は、図書室整備や高卒資格取得といったより広範で生涯にわたって持続的効果のある性質を伴っている。

（5）ひ弱な肉体

アンディは知性を備えているが、肉体的強靭さは持ち合わせていない。長身だが腕力はない。これに対して他の主人公は皆一様に頑健である。かろうじてアンディに近い人物として想起されるのは、『穴』で途中から脱獄仲間に加わったガスパールである。彼も体の線が細く神経質そうであり、その点ではアンディと似ている。しかしガスパールは二七歳であり、脱獄時に五〇歳前後に達していたアンディよりもはるかに体力があったと考えられる。さらに厳密に言えば、ガスパールは主人公ではなく、最後に仲間を裏切る準主人公的な存在であった。

（6）脱獄作業の非開示

アンディは親友のレッドを含め、誰にも脱獄作業を進めていることを明かさない。また同様に視聴者にもその工程は全く開示されない。脱獄が成功した後で、初めてそのプロセスがレッドの語りによって解説される。このまさかの展開に作中人物のみならず、視聴者までもが驚かされる。この意表を突かれたという感覚がアンディの脱獄劇をより一層痛快かつ爽快なものにしているといえよう。

渡辺（一九七九）は、脱獄映画の大半は物理的作業に描写を集中し、「ヒーローたちが黙々と準備を重ね、目標にじりじりと肉薄していく、その過程を描くことに費やされる」と述べている。これに対して『ショーシャンクの空に』では、脱獄の作業過程がその遂行後に映し出されるという点において、手品の種明かしを見ているかのような新鮮さがある。まさに観る者は目から鱗が落ちた気分になるのである。

アンディが終身刑を宣告された法廷
向かって左手が陪審員の席。

アンディが出廷した裁判所
（オハイオ州ワイアンドット郡裁判所）

（7）極端に長い収監期間

終身刑を宣告されたアンディが一九四七年に投獄されてから一九六六年に脱獄するまでの期間は一九年である。これは他の作品に比べて格段に長い。『暴力脱獄』のルークの刑期はわずか二年であり、『パピヨン』の場合は正確には不明だが、計七年間の独房入りを含めてもその刑期はせいぜい十余年と推測される。この一九年という歳月が本作品のスケールを増し、重厚で壮大な物語に仕立てていると考えられる。

（8）明確な脱獄後のイメージの保有

アンディは脱獄後にやりたいことを明確にイメージしていた。それは『手錠のままの脱獄』のジャクソンが思い浮かべるような幻想的な夢とは異なる。アンディにとって脱獄は究極の目的ではなく、夢を叶えるための通過点であった。脱獄前のある日、彼はレッドに、メキシコの太平洋岸にあるジワタネホという町に住みたいと打ち明ける。そこでホテルを開き、中古のボートを買って修理し、客を乗せて釣りに出たいと語る。さらにレッドにそのホテルの調達係として働いてほしいと誘うが、レッドはそんなのは夢物語だと言って取り合わない。しかしアンディの夢は明確であり、その具体的なイメージこそが彼の「希望」だったと考えられる。その希望を叶えるために、脱獄後に外の世界へ出た時の着替え（スーツ、ネクタイ、靴等）や刑務所内の不正を暴くための帳簿等一式を携えてトンネルと下水管の中を這い進むのである。

　本作品を「希望」を描いた物語であるとする評論は多い。それはアンディがレッドに宛てた手紙の中にある「希望は良いもの、多分最上のものだ。そして、良いものは決して消えることがない（Hope is a good thing, maybe the best of things, and no good thing ever dies.）」（アルク英語企画開発部編、一九九八）という一文からも明らかであろう。

　しかし、アンディが持つこの「希望」というものの特質についてこれまでに十分な吟味や議論がなされてきたとは言い難い。玄田（二〇一〇）は、個人レベルの「希望」について、“Hope is a Wish for Something to Come True by Action.（希望とは行動によって何かを実現しようとする願いである）”という定義を示し、そこに「願い」「何か」「実現」「行動」という四つの要素が内包されていると説いている。しかしこの一文に即して、私なりに一歩進めて考える希望の定義（修正版）は“Hope is a Wish for Something <u>Positive</u> to Come True by Action.”である。もちろん“Positive”の代わりに“Good”でも構わないが、そこに「前向きな」あるいは「よい」性質を表す五つ目の要素を付加することを提案したい。なぜなら希望とは本然的に悪事ではなく善事を志向するものであり、悪行の根源には絶望があるのに対し、善行の根源には希望があると考えられるからである。

（9）脱獄後の囚人仲間との再会

アンディの脱獄後、仮釈放されたレッドはそれに違反して国境を越える。そして青空の下、太平洋の白浜で親友との再会を果たす。このような脱獄後の囚人同士の再会は他の作品には描かれていない。本作品がひときわ爽やかな印象を与える理由の一つはこの感動のラストシーンにあると思われる。

実はアンディはこの再会をもイメージしていたと考えられる。彼は服役中にレッドにジワタネホの名を告げ、脱獄後は約束どおりにショーシャンク郊外のバクストンにある大きな樫の木の下まで行き、レッドへの手紙と紙幣を入れた箱を黒曜石の下に隠す。そこから彼は南下し、メキシコに入る前に絵葉書をレッドに出す。その絵葉書には宛名以外は何も書かれていなかったが、消印にある地名がヒントとなる。これによりレッドはその町を道標としてめざすことができるのである。

（10）復　讐

主人公や仲間に残忍で不当な仕打ちをした刑務所長や刑務主任に対する復讐が描かれているのも『ショーシャンクの空に』だけである。アンディはその復讐の方法も事前に練り、脱獄後速やかに新聞社に不正帳簿等一式を送る。これによって真実が明かされ、彼らは惨めな末路を迎えることになる。

なお『ミッドナイト・エクスプレス』では、主人公が刑務所長を死なせてしまう場面があるが、これは復讐というよりはむしろ偶発的な「事故」である。また『ショーシャンクの空に』では、悪人が裁きを受けることになるのは、アンディではなく司法の手によってである。彼がそうなるように仕向けたからなのであるが、まさにこのスマートな復讐計画にも彼の如才なさを感じ取ることができる。

（11）出所後の社会適応への不安

他の作品では囚人たちは刑務所の外の世界にひたすら憧れる。極限状態の中で生きる彼らの関心はそこにしかないと言ってもよいであろう。

しかし『ショーシャンクの空に』では、ブルックスとレッドの二人は仮出所後に現実の社会で苦悩する様子も映し出される。このように長期刑や終身刑を受けた囚人が否応なく抱くことになる孤独感や哀愁までをも丁寧に描いているところが、この物語全体に奥行きと深みを与え、ただの脱獄劇ではなく一つの人間ドラマの高みへと押し上げていると考えられる。

（12）親友の囚人によるナレーション

本作品では節目節目でレッドによるナレーションが挿入されている。これにより作中の人物たちの言動だけでは読み取りにくい物語の背後にあるものや話の展開を理解することができる。一九年に及ぶ長大なストーリーを一四二分間にまとめられた一つの大きな要因は、このレッドによるナレーションにあると思われる。彼がアンディを見守る温かい眼差しがその声を通じて伝わり、それが本映画を極めて人間味のある作品へと昇華させていると考えられる。

レッドはナレーターとして、刑務所の運動場で初めてアンディと言葉を交わした日のことを「そう、俺は初めからアンディが気に入った」（アルク英語企画開発部編、一九九八）と語る。またメキシコに行くと決心し定宿を去る場面では、かつてアンディが自分に言った言葉、「必死に生きるか、必死に死ぬか（Get busy living or get busy dying.）」を復唱し、続けて「俺は生きるぞ（That's goddam right.）」と自らに言い聞かせるのである。

最後のナレーションでは不確かな未来への不安と期待が率直に語られる。そこでは「国境を越せるといいが。親友と再会できるといいが。太平洋が青く美しいといいが。俺の希望だ」と締めくくられる。その直後にジワタネホの砂浜を裸足で歩くレッドが映し出され、再会を喜ぶ二人が抱き合うシーンで大団円を迎える。

むすび

本章では、既存の代表的な脱獄映画六本と比較しながら、本作品にみられる一二の独創性を抽出・解説した。二〇世紀末に作られたこの映画が今日でも、全世界で高い人気を維持している大きな理由は、視聴者の意識・無意識にかかわらず、これら一二点の特徴が、他の作品にはない独特のスパイスや隠し味となって奏功しているからではないかと考えられる。

少し視野を広げて考えれば、一般人である私たちも社会という「刑務所」の中で、仕事という「労役」や「苦役」を課されているのかもしれない。そして定年退職はまさにお勤め後の「出所」と捉えることもできよう。晴れて外へ出た後に新たな生き甲斐を見つける人もいれば、それまで付けていた肩書が一気に外れ、アイデンティティの喪失に苦しむ人もいるかもしれない。しかし定年退職することはできても人生を途中で辞めることはできない。我々は生きている限り、自分の住む社会から抜け出すことはできないからである。その意味では本作品をより大きな働き甲斐を求め、目下の仕事をこなしつつ、人知れず努力を重ね、新天地をめざす「転職映画」として鑑賞することもできるであろう。この点についてはあらためて第6章で述べることにしたい。

以上、本章ではこの映画に埋め込まれた独創的特徴を掘り出すことを試みたが、ここに挙げた一二点以外にも様々な事柄が潜んでいるかもしれない。限られた数ではあるが、これらの独創性が本作品を重厚で壮大な人間ドラマへと仕立て、観る者に深い感動と感銘を与えるとともにその評価を高める上で不可欠の要素になっていると考えられる。

第２章

原作小説『刑務所のリタ・ヘイワース』との七大相違点

――未だ語られざる意外な違い――

アンディたちを乗せて刑務所に到着した
囚人護送車（Bill Mulen氏所蔵）

上の囚人護送車の内部
アンディは向かって左の最後列の通路側に座っていた。

1　原作小説と映画

米国の作家・スティーヴン・キングは一九八二年に中編小説『刑務所のリタ・ヘイワース』（英文原題：*Rita Hayworth and Shawshank Redemption*）を発表した。この作品は他の三つの中編小説とともに『恐怖の四季』（英文原題：*Different Seasons*）という書籍の中に収められている。ちなみに和訳版では『ゴールデンボーイ』（春夏編）と『スタンド・バイ・ミー』（秋冬編）の二冊に分かれており、『刑務所のリタ・ヘイワース』は前者に収められている。

発刊後、『刑務所のリタ・ヘイワース』はさほど注目されることなく十年以上の歳月が流れたが、この小説にいたく感銘を受けたダラボンは自ら脚本と監督を担当して映画化し、一九九四年に『ショーシャンクの空に』を世に出した。映画もまた封切り後しばらくは注目を浴びなかったが、レンタルビデオを通じて国内外でその評価がじわじわと高まっていくにつれ、原作小説（以下、見出し以外では「小説」と記す）にも関心が寄せられるようになった。

とはいえ、わが国の月刊誌『ユリイカ』（二〇一七年一一月号）がキングの特集を組んだ際に彼に付けた称号は「ホラーの帝王」であり、同特集の中でもホラー小説に分類されない『刑務所のリタ・ヘイワース』にはわずかな分量しか割かれていない。すなわち彼の著作の中でもこの小説は本流から外れた所で異彩を放つ作品と言ってよいであろう。

しかし、ダラボンはこの物語の中に大いなる人間性や慈しみの心を見出し、並々ならぬ熱意をもつて映画化した（Nathan, 2019）。そして今日、『ショーシャンクの空に』は説明不要なほど広く世界中に知れ渡り、すでに不朽の名作の仲間入りを果たしているといってもよいであろう。二〇二三年一月末時点で、米アマゾンの子会社であるＩＭＤｂ社の映画ランキング上位二五〇本（*IMDb Top 250 Movies*）において、本作品は『ゴッドファーザー』らを抑えて首位の座に君臨し続けている。

2　原作小説と映画の比較に関する先行研究

本映画の評価が国内外で高いことは前述のとおりであるが、原作者のキング（田村訳、二〇一三）もまた自分の使命を「私は書くために生まれてきたのだ」と述べ、執筆する目的を「読む者の人生を豊かにし、同時に書く者の人生も豊かにするためだ。立ちあがり、力をつけ、乗り越えるためだ。幸せになるためだ。おわかりいただけるだろうか。幸せになるためなのだ」と熱っぽく語っている。

この言葉は、彼が一九九九年にメイン州西部の幹線道路で車に轢かれて瀕死の重傷を負い、その後数度の手術と入院生活を経た後に書かれたものである。それだけに鬼気迫るものがあるが、彼のその思いは『刑務所のリタ・ヘイワース』の執筆時と微塵も変わっていないと思われる。その証拠に彼は自らの執筆・推敲作業の一端を「本ができあがるまでに、最終的には十回以上読み、全文を暗唱し、そのときには、これ以上おかしな箇所が出てこないことを祈るようになっている」と述べている。この言葉からも彼が一つ一つの作品にいかに大きな情熱と労力を注ぎ込んでいるかを伺い知ることができよう。

このように小説と映画は、作家と監督のそれぞれの思いが込められた結晶であり傑作であるといえるが、『刑務所のリタ・ヘイワース』と『ショーシャンクの空に』の両者をつぶさに比較し論考した研究は管見の限り見当たらない。その一方で在野の著述家・批評家であるDawidziak（2019）は両者の違いとして**表2-1**に示した一五点を挙げている。これらのうちのいくつかの点に関しては同表に記載されていない点と共に追って論及することとする。

3　すでに語られている三大相違点

（1）タイトル

先に述べたとおり小説の英文原題は*Rita Hayworth and Shawshank Redemption*である。リタ・ヘイワース（*Rita Hayworth*）とは一九四〇年代に米国で一世を風靡した実在の女優の名前である。アンディがレッドに頼んで初めて入手したポスターに写っていたのが彼女である。アンディはそのポスターを独房の壁に一九五五年まで貼り、その後数年おきに被写体の女優を換え、一九七五年の脱獄時には六人目（六枚目）となるリンダ・ロンシュタットのポスターで脱獄用の穴を隠していた。

これに対して映画の原題は*The Shawshank Redemption*であり、リタ・ヘイワースの名は削除されている。ダラボン（二〇〇四）は初めは小説と同じタイトルを映画につけるつもりでいたが、リタ・ヘイワースの伝記映画と勘違いしてキャストに応募してくる人たちが出てきたことから、誤解を防ぐために彼女の名前をタイトルから外すことにしたとＤＶＤの音声解説の中で語っている。

表２－１　Dawidziakによる原作小説と映画の相違点

	項目	原作小説	映画
1	アンディ（主人公）	小男、金縁メガネ	長身、メガネなし
2	レッド（親友）	アイルランド系白人	黒人（自称アイルランド系とジョークを飛ばす）
3	アンディの飲酒	年に４杯（誕生日の朝と晩、クリスマスの晩、大晦日の晩に各１杯）	断酒
4	刑務所内で鳥を飼う囚人	名前はボルトン／ジェイクと名付けた鳩を飼育／1953年釈放 図書係はブルックスという別人（妻と娘を殺した罪で収監／1952年に仮釈放され、1953年に貧困老人施設で死亡した模様）	名前はブルックス／ジェイクと名付けたカラスを飼育／図書係／仮釈放中に首吊り自殺。
5	刑務所長と刑務主任	３名の人物が所長を歴任。 刑務主任は心臓発作で1957年に死去。	所長は終始同一人物（ノートン）。 刑務主任はアンディ脱獄後に逮捕。
6	刑務所長の末路	アンディ脱獄の３カ月後、３人目のノートン所長が老囚人のように足を引きずりながら退職。	アンディ脱獄後、悪事が暴かれ、拳銃自殺。
7	入所時に隠し持った現金	500ドル以上	なし（描かれていないが、入所後早期にロックハンマー等を購入）
8	アンディに暴行を働く囚人の末路	刑務官から殴打されて負傷し、腑抜けになる。 レッドはアンディが刑務官を15ドルほどで買収したと推測。	刑務主任から殴打され、生涯にわたり不自由な体になる。
9	トミー（事件の真実を知る囚人）	1962年入所／所長に裏取引を持ちかけられ、真犯人のことを口外しないことを条件に軽警備刑務所へ移送される。	1965年入所／所長に呼び出され、法廷で真実を宣誓すると言明。それゆえ所長の指示で刑務主任に銃殺される。
10	収監期間	27年間（1948–75年）	19年間（1947–66年）
11	監房壁のポスター	入獄から脱獄まで計６枚（６人）	入獄から脱獄まで計３枚（３人）
12	刑務所内で上映された娯楽映画	*The Lost Weekend*（1945） パラマウント映画配給	*Gilda*（1946） コロンビア映画配給
13	モーツァルトの音楽	なし（描かれていない）	『フィガロの結婚』のデュエットを大音量で刑務所中に放送。
14	レッドらの仲間	なし（描かれていない）	７人（Red, Heywood, Floyd, Skeet, Jigger, Snooze, and Ernie）
15	メキシコでの再会／刑務所外の親友ジムの存在	再会までは描かれていない。 ジムがアンディのニセの身元づくりと殖財を支援／バクストンという町の牧草畑にある石塀の根元にキャスコ銀行の貸金庫の鍵を隠す／ジムは1961年に死亡。	アンディとレッドはメキシコで再会を果たす。 ジムは一切描かれていない。

出所）*The Shawshank Redemption Revealed*（Dawidziak, 2019）をもとに著者作成。

（2）刑所外の友人の存在

表2-1の一五番に示されているとおり、映画ではアンディの刑務所外の友人については描かれていない。他方、小説では極めて重要な役割を担うジムという名の外部支援者が登場している。ジムは第二次世界大戦におけるアンディの戦友であり、戦後も親友であり続けた。アンディはポートランドの投資会社に勤めていたジムのことを「たったひとり最後まで味方になってくれた男」と表現している。そのジムがピーター・スティーブンズ（映画ではランドール・スティーブンス）という名でアンディの身代わりとなるニセの身元を作り、投獄前のアンディから預かった一万四千ドルの資産を一九六七年までに少なくとも三七万七千ドルまで増やしていた。ジムは一九六一年に亡くなるが、生前に株券や債券、身分証明書類をポートランドのキャスコ銀行の貸金庫の中に保管しており、その金庫の鍵をショーシャンクから五〇キロ足らずのところにあるバクストンという町の牧草畑にある石塀の根元に隠しておいた。そしてその鍵の上にはかつてアンディが職場のデスクで文鎮として使っていた黒曜石を置いていたのである。

このように小説では刑務所内の親友レッドのほかに刑務所外の親友ジムが存在する。これに対し、映画ではジムは描かれておらず、獄中のアンディが単独で法の抜け道を突き、悪徳かつ強欲な所長を逆手にとって利用し、すべて郵送で身分証明書類を作るなどしてゼロから資産を築き上げていったのである。

（3）エンディング

表2-1にもあるとおり小説と映画のエンディングは異なっており、この点に関しては多くの資料で指摘されている。小説では、レッドは仮釈放中に滞在していた定宿を去り、アンディとメキシコで再会することをバスの中で祈っているところで終わる。そこには明るい希望の兆しが見えているが、一方で「どうかアンディがあそこにいますように。どうかうまく国境を越えられますように。どうか親友に再会して、やつと握手ができますように」としきりに願う彼の胸中の不安も描かれている。

これに対し映画のエンディングはより明快である。レッドは国境を無事越えてメキシコに入り、最後は青空の下、白浜でボートを磨いているアンディと感動の再会を果たし抱擁するシーンで終わる。そこに壮麗なテーマ音楽が流れ、彼らの姿がズームアウトされていく。

映画では当初計画していた撮影終了時にメキシコでの再会シーンは収録されていなかった。しかしその後、Darabont（2019）は配給会社や周囲から視聴者により多くのカタルシス（爽快感、心の浄化作用）を与えるよう再考を強く促され、最後は自分自身の判断で当該シーンの追加撮影と挿入に踏み切ったと語っている。

4　未だ語られざる七大相違点

表2-1にも示されているとおり、登場人物の容姿、出自、氏名、出来事、節目となる年月等に関しては小説と映画では微妙に異なる点がある。しかしそれらは両作品に通底する「希望」「友情」「宗

教性（キスト教的要素）」といった大きなテーマから逸脱するほどの相違ではないように思われる。他方、作品自体の価値を決して減じるものではないが、両作品の熱心なファンにとっても興味深いと思われる未だ語られざる事柄について七点ほど論及したい。

（1）監房の構造

映画では囚人の監房は一人部屋、すなわち独房であるが、小説では二人部屋である。このことは小説の中で、アンディが脱獄した一九七五年三月一二日の朝に、囚人たちが監房から廊下に出て二列に並ばされた描写から読み取ることができる。建物の階数は不明だが、アンディとレッドが収監されていた「第五監房区」には全部で一四の監房があり、アンディにだけは同房者がおらず、普段は合計で二七名が収監されていた。ところがその日の朝の点呼では二六名しか応答しなかった。

さらに小説には、アンディが牢獄で過ごした二七年間のうち一九五九年の八カ月間だけ、ノーマデンという名の半分頭のおかしい米国先住民の男がアンディと同じ房で過ごしたとの記述がある。アンディはすでに自室の壁からトンネルを掘り進めていたのだが、同房者がいる間は作業を中断せざるをえなかった。ノーマデンはその房のことを、どこからかともなくすきま風が入ってきて常に寒かったと述懐している。またアンディが歴代の刑務所長とうまく折り合いをつけ、抜き打ち検査を免れていた最大の目的は自分の房を「個室」にしておくことであったと記されている。

これに対し、映画では監房棟は四階建てである。レッドは二階の二三七号房、アンディは同じ二階の一番奥の二四五号房である。また両者の間を三つの独房が隔てている。この位置関係は一九年間一貫して変わらなかった。

他方、小説では二人は同じ監房区におり、レッドは六号房、アンディは一四号房であった。そして互いに「廊下の半分ぐらい離れていた」と記述されている。さらに毎朝行列を作って食堂に移動する時にレッドはアンディの監房の中を覗くことができたと書かれており、アンディの部屋はその前を看守や囚人たちが行き来する位置にあった。

以上から、誰にも気づかれずに脱獄用の穴を掘るという点においては、小説のほうが映画よりもはるかに困難な設定にあったと考えられる。実際に脱獄までに要した期間も映画が一九年間、小説が二七年間と後者のほうが長くなっている。

（２）定宿の梁に刻まれた言葉

表２-１に示したとおり、ブルックスという名の囚人は小説と映画の両方に登場するが、小説の中のブルックスは鳥を飼っていない。関節炎持ちの彼は一九五二年に六八歳で仮釈放され、翌年貧困老人の収容所で亡くなっている。死因に関しては記述されていない。またボルトンという名の別の囚人がジェイクと名付けた鳩を飼っていたが、一九五三年に釈放された時に鳩を空に放したとの記述がある。

これに対し、映画の中のブルックスはジェイクと名付けたカラスを飼っており、一定程度の教育を受けた人間味のある人物である。その好々爺然とした役柄は一九二一年生まれの俳優・ジェームズ・ホイットモア（二〇〇九年没）が演じている。

ブルックスとレッドが刻んだ言葉
（実物）
（現行のミュージアム内に展示）

ブルックスとレッドが刻んだ言葉
（スタッフの手によるレプリカ）
この部屋は実際には刑務所内にある。

このように小説と映画ではブルックスという人物の設定が異なるため、仮釈放後に彼がとった行動も自ずと異なる。映画の中のブルックスは五〇年にも及ぶ服役を経て仮釈放されたことから、新たに自分を待ち受けていた世界と半世紀前の世界とのギャップに愕然とする。彼は不安な日々を過ごし、夜中に目が覚めるようになる。シャバ世界に居場所のない彼は刑務所に戻りたいと望むようになるが、罪を犯すには歳を取りすぎてしまったことに気づく。彼は悩んだ挙句に首吊り自殺をするが、その直前に定宿の部屋の梁に「ブルックスここにありき（BROOKS WAS HERE）」とナイフで刻む。おそらく彼はこの世に生きた足跡をささやかなりとも残しておきたかったのであろう。

その後、レッドも四〇年を経て仮釈放される。彼がブルックスと同様に一般社会に馴染めずに懊悩するさまは後述するが、ブルックスと同じ部屋に滞在していた彼は、最後にそこを去る時に、「レッドもここにありき（SO WAS RED）」と梁に刻む。まさにこれは映画のみに描かれた印象的なシーンであり、二人の言葉が並ぶ映像を見ながら、この短くも秀麗な英語表現に感銘を受けた視聴者も少なくないと思われる。

(3) 大きな樫の木

映画ではアンディが再審請求について所長に直談判したものの却下され、さらに暴言を吐いたとして懲罰房入りを命じられるシーンがある。その間にトミーは所長の指示で闇夜に外に呼び出されて銃殺される。その後、解放されたアンディは一人で中庭の建物の壁にもたれて地面に座り、悲痛な表情を浮かべながら沈思する。そこにレッドがゆっくりと歩み寄り、二人きりで話をする。アンディはいつかメキシコでホテルを開きたいと自分の夢を語る。ひとしきり言葉を交わした後、アンディは立ち上がって歩き出すが、レッドに呼び止められて振り返る。そしてもし君がここから出られたらバクストンの牧草地に行き、大きな樫の木（a big oak tree）につながる長い石塀の根元にある黒曜石を見つけ、その下を掘るようにと約束させる。

かつてアンディはこの大きな樫の木の下で結婚前の妻に求婚をしている。このように映画ではこの樫の木はアンディにとって重要な意味を持つ記念碑的存在であり、またレッドにとっても付託されたものを見つけるための目印になるのだが、小説の中にはこの木は出てこない。

小説ではアンディはレッドに「（バクストンの）牧草畑の北の端には、ロバート・フロストの詩から抜けだしたような石塀がある。その塀の根っこのどこかに、メイン州の牧草畑にはなんの縁もゆかりもない石がある」と伝え、その石（黒曜石のこと）を友人のジムが「塀の根もとにおいた。その下に鍵がある。その鍵で（中略）貸金庫が開く」と続ける。つまり、小説の中ではレッドは大きな樫の木を探すのではなく、まずは北の方向に延びる石塀をコンパスで特定し、次にその根元にある黒曜石を見つけようとするのである。

以上、先の「定宿の梁に刻まれた言葉」と同じく、「大きな樫の木」も映画の中だけに登場する。それは視覚に訴え、強い印象を観る者に残す。またそれは時を経ても不動で、かつあらゆるものを優しく包摂するものの象徴として描かれているのではないかと受け止められる。

(4) レッドとアンディの年齢差

映画ではレッドのほうがアンディよりも年上であるが、小説ではアンディのほうがレッドよりも一つ年上である。

映画ではアンディを含む新入りの囚人一行が刑務所に到着した時、レッドらの先住囚人たちがその夜に誰が一番先に泣き出すかについて賭けをする場面がある。バスから降りて歩かされる群れの中にひと際弱々しそうな男を見つけ、レッドは「あの長身のお坊ちゃんに」と言ってアンディに賭ける。二人の年齢差は映画では明示されていないが、この言葉からレッドにしてみればアンディは一介の若造にすぎなかったことが理解できる。俳優の実年齢からしてもアンディ役のティム・ロビンスは一九五八年生まれであり、レッド役のモーガン・フリーマンは一九三七年生まれである。したがって、両者の外見的及び生物学的な年齢差は歴然としている。

一方、小説ではアンディのほうが一つ年上である。レッドは二〇歳だった一九三八年に入所し、一九七七年三月までに仮釈放され、バクストンでアンディからの手紙を見つけた同年四月二三日には五八歳になっていた。さらに翌月のある日の時点でも五八歳のままであった。レッドの誕生月と入所月は明らかにされていないが、一九三八年に二〇歳だった彼が三九年の時を経て一九七七年五月時点で五九歳に達していないということは、彼の生誕は早くても一九一八年五月以降（可能性としては同年五月二日から一二月三一日までの間）になる。

これに対し、アンディは一九四七年九月に妻と間男を殺したとの冤罪により、一九四八年に投獄された時は三〇歳であった。彼は一九四八年二月末に三人の囚人によって半死半生に痛めつけられたと小説に書いてあるほか、誕生日は九月二〇日とあり、一九七五年三月一二日に刑務所から煙のように消え失せた時には五七歳だったと記されている。このことから彼は一九一七年九月二〇日生まれと特定できる。

つまり確かなことは、アンディは一九一七年生まれ、レッドは一九一八年生まれだということである。レッドのほうがアンディよりも入所が一〇年も早いこと、また小説を読む前に映画を観た方々にとっては映像上の人物のイメージが深く刻まれることから、その残像を払拭することはむずかしい。よってこの小説上の「事実」を知る人は地球上でもごく少数であろう。

（5）希　望

映画の中で初めて「希望」という言葉を発したのはアンディである。彼は州議会から寄贈された中古図書類の中からモーツァルトの『フィガロの結婚』のレコードを見つけた時、それを大音量で刑務所中に放送した。それを直ちに止めるよう所長たちから警告を受けたにもかかわらず、止めるどころかさらにボリュームを上げたため、二週間の懲罰房入りを食らった。ようやく解放され仲間と食堂で合流した時、彼はレッドとの会話の中で「心の中には何かある。誰も奪えないある物が…。君の心にも」と語り、それは何だと問うレッドに対し、「希望だよ（Hope）」と答えるのである。

アンディが再び「希望」という言葉を使うのは、仮釈放後のレッドに宛てた手紙の中である。そのフレーズは映画も小説もほとんど同じであるが、映画の中では「希望は良いもの、多分最上のものだ。そして、良いものは決して消えることがない（Hope is a good thing, maybe the best of things, and no good thing ever dies.）」（アルク英語企画開発部編、一九九八）となっている。

他方、小説で「希望」という言葉を先に使ったのはレッドのほうである。そもそも小説ではアンディが『フィガロの結婚』を流すシーンは描かれておらず、この部分はダラボンの完全なる創作である。その後、一九六二年にトミーという若い囚人が入所するが、彼は偶然にもアンディの冤罪の契機となった事件の真犯人とかつて別の刑務所で同房だったことがあった。彼がそのことをすべてアンディに話すとアンディは普段の落ち着きを失う。レッドは書き手として、この時まるでトミーがアンディの頭の中にある檻の鍵をよこしたかのようであったとし、「その檻は、人間を閉じ込める代わりに虎を閉じ込めてあり、その虎は希望という名前だった」と述べている。しかし結局、このアンディの再審請求への一縷の望みは悪徳な所長によって絶たれてしまうことになる。小説の中で次に「希望」という言葉が出てくるのは映画と同じくアンディがレッドに宛てた手紙の中である。また映画でも小説でも最終話者のレッドが発する言葉は"I *hope*."である。それだけに本作品に描かれたテーマとして「希望」を挙げる人が多いことには頷けるものがある。

(6) 約　束

先に述べたとおり、映画ではアンディはレッドに対し、いつか外に出られたらバクストンの牧草地に行き、大きな樫の木につながる石塀の根元にある黒曜石を見つけ、その下にあるものを掘り出すよう約束させる。

その後アンディは脱獄し、ほどなくしてレッドも仮釈放される。しかしレッドは一般社会に溶け込めず、刑務所に戻りたいとさえ考え始める。そんな時、彼はアンディと交わしたその「約束」を思い出す。そして「たったひとつのことが俺を引き止めた。アンディと交わした約束だ（Only one thing stops me. A promise I made to Andy.）」（アルク英語企画開発部編、一九九八）とつぶやく。後日彼は小型トラックの荷台に乗せてもらってバクストンへ行き、とうとう黒曜石の下に埋めてあるものを掘り出す。それはアンディからの手紙と紙幣であった。しかし、もし中庭にいた時にアンディがレッドと何の約束もせず、またレッドがその約束を思い出していなければドラマの展開は異なった様相を呈していたことであろう。

これに対し、小説ではアンディとレッドはこれに類する会話を一九六七年一〇月末に運動場でしている。アンディはこの時、自分の夢を語り、刑務所の外にいる親友ジムの存在に触れ、ジムが自分のニセの身元づくりと殖財を支援してくれたことを明かしている。さらにアンディの資産を収めたキャスコ銀行の貸金庫の鍵についても語ったことは先に述べたとおりである。しかし、アンディはレッドにバクストンを訪れるような約束は取り付けていない。仮釈放後、レッドは一般社会での生活に馴染めず苦しんでいたが、あくまでも「仕事の余暇」や「道楽」として黒曜石を探していたのである。それはアンディを懐かしく思う気持ちの発露としての行動といってもよいであろう。

ちなみにレッドは服役中にアンディへの慕情と寂寥感を表す言葉として、「鳥の中には鳥籠に閉じ込められるべきでない鳥もいる（Some birds are not meant to be caged.）」（著者訳）という名言を小説と映画の両方の中で残している。

蛇足ながら小説では、アンディは自分のことを「最悪の事態に備えているかぎり、幸運を願っても害はないと知っている」タイプの人間であり、「わたしは最善を願い、最悪を予想していた――ただそれだけだ」と語っている。映画には出てこないが、これもまたけだし名言であろう。

(7) 必死に生きる

先述のとおり、映画の中で二人が中庭で話をするシーンでは、アンディが自分の夢を語り、実現した際にはレッドにも力を貸してほしいと誘うのに対し、レッドはそんなものは莫迦げた妄想だと突き放す。アンディはレッドの言うことを冷酷な現実と認めつつも、口元をきゅっと結びながら、詰まるところ人生は二者択一であり「必死に生きるか、必死に死ぬか（Get busy living or get busy dying.）」であると告げる。この言葉は多くの批評や論評の中で繰り返し引用されているものであるが、レッドも最後にこの言葉を復唱する。彼はアンディから受け取った手紙と旅費を携え、定宿を去る時に「俺は生きるぞ（That's goddam right.）」と力強く胸中で唱える。そして国境を無事越えられる保証がない中でトレイルウェイズ社のバスディーポへと向かうのである。

これに対し、小説ではアンディ自身はこの言葉を一度も使っていない。レッドと二人きりで話をする場面は描かれているものの、それは映画ほど緊迫感に満ちたやりとりではなく、ジムという親友の存在、殖財のからくり、貸金庫の鍵のことなどを淡々と細かく明かすに留まっている。最後に定宿を去る時にレッドがこの言葉をつぶやくのみである。

むすび

以上、「監房の構造」「定宿の梁に刻まれた言葉」「大きな樫の木」「レッドとアンディの年齢差」という物理的・生物学的な事柄に関する四つの相違点と、「希望」「約束」「必死に生きる」という抽象的・概念的な事柄に関する三つの相違点について述べた。

まず、定宿の梁に刻まれたブルックスの言葉とその脇に添えられたレッドの言葉に関しては、映画の中でのみ映し出されており、共に長期囚でありながら、一方で「死（dying）」を選んだブルックスと、他方で「生（living）」を選んだレッドを鮮烈に対比させているといえるであろう。

次に監房の構造や大きな樫の木、レッドとアンディの年齢差に関しては、仮にこれらが小説に忠実に映画化されていたならば、際立って異なる映像を視聴者に見せていたことであろう。しかし、その違いはこの二作品の本質ではないと考えられる。その理由はこの二つの作品の根底に流れるものが希望や友情といったより普遍的でオープンエンドなテーマだからである。それらはいわば人類の永遠のテーマともいえるものだからである。そう考えれば、監房の構造や年齢の差異や樹木の有無は取り立てて問題にするほどのことではないのであろう。こうした本質を見抜いていたからこそ、脚本家・監督のダラボンは映画に種々のアレンジを加えたものと考えられる。もちろんそのアレンジは小説の良さを少しも損なうことなく、むしろその良さを伸ばしたとさえ考えられる。なぜなら一九八二年に発表されたこの小説は、一九九四年に公開された映画が高評価を獲得するにつれて初めてその存在が世に広く認められ、再評価されるに至ったと言ってもよいからである。

同じく「希望」「約束」「必死に生きる」についても、アンディとレッドのどちらがその言葉を発したのか、どちらが相手に働きかけたのか、という問いは大した意味を持たない。二人は別個の人格ではあるものの、価値観を共有できる者同士だからである。彼らの気脈は完全に通じており、どちらか一方が先にある言動をとったとしても、いつか必ず相手は自分に賛同してくれるだろうということを魂の奥底で分かり合えていたのでないかと考えられる。よってそこには揺るぎない信頼関係が築かれていたものと理解される。

以上、本章では小説と映画について未だ語られざる七大相違点を指摘し論考した。これら以外にも少し視点や角度を変えれば、いくつもの新しい相違点を見出すことは十分に可能であると考えられる。一例を挙げれば、刑務所長が抜き打ち検査を口実にアンディを値踏みするため、初めて彼の独房を訪問した際の両者間の聖書をめぐるやりとりも映画の中だけでしか描かれていない。

小説と映画の相違点を正確に認識しつつも、それぞれが放つメッセージやその意味について考えを巡らすことは、本作品のみならず、他の様々な作品をより深く楽しめることにもつながり、そこに異なる媒体で表現された作品の双方を多面的・多層的に味わう意義と醍醐味があると思われる。

第３章

『ショーシャンクの空に』の英文原題を考える

——*redemption* が意味するものとは——

『フィガロの結婚』が流された拡声器（実物）
（現行のミュージアム内に展示）

『フィガロの結婚』がかけられたレコードプレイヤー
（実物）（現行のミュージアム内に展示）

1　冴えないタイトル

『ショーシャンクの空に』は一九九四年に公開されたが、この年には『フォレスト・ガンプ／一期一会』（トム・ハンクス主演）や『スピード』（キアヌ・リーブス主演）、ディズニーの『ライオン・キング』など、他に衆目を集める作品が公開されたこともあり、封切り当初はそれほどヒットしなかった。その理由の一つとして、タイトルの響きや綴りが極めて紛らわしかったことが挙げられている。この点に関してはアンディ役を演じたティム・ロビンスも、公開二五周年記念インタビューの中で、当時その作品名を"Scrimshaw Reduction"（scrimshawは象牙彫刻などの細工物）、"Shimmy, Shimmy, Shake"（shimmyは腰や肩を振るダンス）、"Shankshaw"などの意味のない語と混同して記憶していた人たちが多くいたことを冗談交じりに明かしている（Huff, 2019）。

その一方で、本作品はその後レンタルビデオの普及を通じて次第に高評価を獲得し、今日では世界中で最も愛されている映画の一つとなっている。本書の「序」でも述べたとおり、本作品はＩＭＤｂ社の映画ランキングにおいて、長年第一位の座を維持している。公式発表によれば、同社は二〇二三年一月末時点で月間二億人の利用者を抱え、映画やテレビ番組など五〇〇万点以上の映像コンテンツを有している。

本作品は前章で扱ったキングの小説『刑務所のリタ・ヘイワース』をベースにしている。しかし映画化に際しては必ずしも小説と同じ題名や言葉を用いなければならないわけではない。ではなぜ監督・脚本のダラボンは、女優の名を外しながらも*redemption*という語をタイトルに残したのであろうか。本作品の文脈の中でその語は一体何を意味しているのであろうか。こうした問いについて深く踏み込んで論じた文献は私の知る限り国内外では見当たらない。

題名に含まれる*redemption*の意味の解釈については、この語に備わる難解さや多義性のせいか、どちらかといえば回避されてきたきらいがある。その中で数は限られてはいるもののいくつかの先行研究や批評を紹介する。

濱野（一九九九）は*redemption*の意味を「救い」「救済」と捉えている。他方、Sánchez-Escalonilla（2005）は「償い」「贖罪」と捉え、むしろ「救い」「救済」の意味としては*rescue*という別の語を用いて区別している。また姜（二〇〇七）は「償い（救い）」と併記することによって、その意味の違いに触れることを巧みに避けている。その他、服部（二〇一九）は*redemption*が持ついくつかの意味を挙げつつ、詰まるところこの物語は「罪の赦し」と「救済」を描いていると主張している。このように一部の研究者の見解をみるだけでも、*redemption*の捉え方は一様ではなく、また十分に深い論考がなされているとは言い難い。しかし本来その作品の本質を最も的確かつ簡潔に表すべきタイトルが、そこに用いられた語によって記憶違いや様々な解釈を生じさせているのはどういうわけであろうか。

そこで本章では、いったん辞書（英英辞典及び英和辞典）に立ち返り、この名詞の元の動詞である*redeem*の原義を改めて確認し、それが本作品の登場人物の言動にどのように結びついているか、関連しているかについてつぶさにみていくことにする。したがって本章は、①*redeem*という語が本作品の中でなに（what）を意味しているのか、②なぜ（why）この語がタイトルに使われているのか、を明らかにすることを目的とする。

2　参照する辞書

本章では *redeem* という語の原義を確認するため、以下の英英辞典四冊と英和辞典二冊を参照する。これらはいずれも信頼できる出版社から発行されているものである（各辞典の詳細情報は末尾の「参考文献」を参照）。

〈英英辞典〉

- *The New Shorter Oxford English Dictionary*
- *Oxford Advanced Learner's Dictionary*
- *Random House Unabridged Dictionary*
- *Webster's New World Dictionary of the American Language*

〈英和辞典〉

- 研究社　新英和大辞典
- ジーニアス英和大辞典

3 辞書における*redeem*の意味

動詞*redeem*の意味を前掲の六冊の辞典で調べた結果をまとめたものが**表3-1**の左列である。そこに示された一五の分類は意味の精度や抽象度によって増減しうるが、本章では紙幅の制限上、さらにこれらを整理・統合した七つの大分類（右列）に沿ってこの語の意味を考えていきたい。

4 *redeem*の意味とは

（1）〈元のステータスや状態・物品を〉取り戻す（regain, get back, restore）

主人公アンディは、若くしてメイン州ポートランドにある大銀行の副頭取を務めていた。無実の罪で終身刑の宣告を受けて投獄されたことは、彼にとって絶望以外の何物でもなかったであろう。しかし刑務所の中はその絶望にさらに輪をかけた理不尽や不条理に満ちた世界であった。彼はその一種「無法地帯」ともいえる場所において、心の安寧を保つため、早期に鉱物マニアとしての趣味を復活させる。のちに無二の親友となるレッドに依頼し、ロックハンマーや研磨布を入手する。彼は石磨きに没頭し、磨いた石を独房の窓辺に置いたりチェスの駒に使ったりして自分の心を慰めるのである。このように彼は過酷で劣悪な環境に置かれながらも、人間としての尊厳を取り戻し維持することに努めていたと考えられる。

表3－1　*redeem* の意味

	辞書における記載	著者による 7つの大分類
1	〈名誉などを〉(努力して) 回復する、取り戻す regain, get back	(1)〈元のステータスや状態・物品を〉取り戻す
2	〈何かを〉元の状態に戻す、原状回復する bring into some (especially former) condition or state; restore, set right again	
3	〈競売品・質流れ品などを〉買い戻す、請け出す buy back (a former possession)	
4	〈株式・債券・手形などを〉現金化する convert (stocks, bonds, etc.) into cash	(2)〈何かを自分が欲するものに〉換える
5	〈クーポン・ポイントなどを〉景品・特典に換える convert (coupons, trading stamps, etc.) for a prize, premium, etc.	
6	〈債務などを〉清算する、弁済する、完済する clear/pay (a debt), pay off (a mortgage or note)	(3)〈自分が負ったものに対して相応のことをして〉償う、埋め合わせる、帳消しにする
7	〈欠点・過失などを〉補う、償う、埋め合わせる、相殺する make amends for, atone for (an error, loss, etc.), compensate for, counterbalance (a defect or fault); offset (some fault, shortcoming, etc.)	
8	〈障害物・不利な条件・失敗などから人を〉救う、助ける、助け出す liberate, save, rescue (a person)	(4)〈困難・囚われの身・罪などから人を〉救う、解放する
9	(身代金・賠償金を払って)〈捕虜・都市などを〉救い出す free (a person) from captivity or punishment (especially by paying a ransom)	
10	〚神学〛(神・キリストが)〈人を〉罪や破滅から救い出す、解放する save, rescue, deliver (a person) from sin and damnation	
11	価値ある［やりがいのある］ものにする、正当化する make worthwhile, justify	(5)〈何かを〉価値あるものにする、有効に活用する、改良する
12	〈時間・人生などを〉有効に活用する、有意義に過ごす 【例】redeem the time	
13	改良する, 改善する reform	
14	〈約束・義務などを〉果たす、履行する、実現する fulfill, carry out (a promise, pledge, etc.)	(6)〈為すべきことを〉果たす、実現する
15	仕返しする、復讐する、借りを返す、報復する、仇を討つ avenge, repay (a wrong)	(7)〈相手に〉復讐する、借りを返す、代償を払わせる

出所）p.56の各辞書をもとに著者作成。

一方で彼は自身に備わる教養や銀行員として培ったスキルやノウハウを徐々に発揮していく。入所二年後にひょんなことから刑務主任の相続税免除の手続きを代行して以来、彼は刑務官や刑務所長から経理全般のプロとして重宝されるようになる。刑務主任はアンディに対して日常的に暴行を働くボグズという囚人を痛めつけて病院送りにし、刑務所長はアンディを洗濯係から図書係に格上げし、さらに自分の会計係も兼任させることにする。一方、アンディは自らの優遇された地位を最大限に活かし、州議会に働きかけて刑務所図書室を整備する。それにより囚人たちは清潔な環境で本を読んだりレコードを聴いたりすることができるようになり、彼自身もまた文化や芸術に親しむ自己を取り戻すのである。

こうして彼は銀行員時代の環境には劣るものの、自分の強みを活かして様々な「仕事」をすることができるようになる。やがて彼は所長の不正蓄財まで手伝わされるはめになるのだが、その裏話を図書室でレッドに話す時の彼はとても楽しそうで生き生きとしている。つまり彼は獄中にあっても、自分らしさを取り戻すことができていたのである。

入獄から一九年後の一九六六年、彼は見事に脱獄を果たす。そしてメキシコ太平洋岸のジワタネホという町に行き着き、そこでホテルを開く。彼は再び銀行員として働くことはなかったが、新たな土地でやるべき仕事と、あとから自分を追ってきた親友のレッドを取り戻し、二人で力を合わせてビジネスを展開していこうとするのである。

以上から、*redeem* には「取り戻す（regain, get back, restore）」という意味が包摂されていると考えることができよう。

(2)〈何かを自分が欲するものに〉換える(convert)

入所二年後の一九四九年の春、アンディは刑務主任の相続税の免除を無料で手伝うことを約束し、それと引き換えに囚人仲間へビール(一人につき三本)をご馳走させることに成功する。その日を境に刑務官たちの彼に対する印象は「妻殺しの銀行屋」から「有能な模範囚」へと変わり、仲間のそれも「得体の知れない気取り屋」から「勇気ある愛すべき奴」へと変わる。すなわち彼は自身にまとわりつく疑心や警戒を自らの力で信頼や敬服へと転換したのである。

彼はまた密かに掘り進めている脱獄用の穴を隠すため、独房の壁に女優のポスターを貼る。そして周期的にポスターを新しいものに取り換えながら辛抱強く「時」を待つ。おそらくそれは彼にとって自由な世界への入口に掛けられた暖簾のようなものであったろう。

その一方で、彼は刑務所長の汚職が万一発覚しても捕まらないように、ランドール・スティーブンスという架空の人物を書類上に作り出す。驚くべきことにこの人物には出生証明書、運転免許証、社会保障番号などがあり、実在する人物と全く同じ公文書の中に存在していた。そして所長が不正に貯め込んだお金をこの人物の名義で銀行に預けたり株券に換えたりしていく。こうして彼はいわば所長のマネーロンダリングを手伝っていたのである。

しかし、それは彼が事前に考え抜いて打っておいた脱獄のための布石であった。より正確に言えば、その金融資産は、自分自身が刑務所の外に出た後に目的地であるジワタネホまで行き、そこで新しい人生と仕事を始めるための生活費であり運転資金だったのである。

脱獄決行の日、彼は所長室の隣の部屋でいつもの会計業務を終え、何食わぬ顔でロックハンマーを

刑務所長室内の刺繍（レプリカ）と
隠し金庫の扉（実物）

刑務所長室
（外から見ると建物正面に向かって
左の棟の２階に位置する）

隠していた聖書などを不正帳簿等一式と取り換え、所長室内の「主の裁きは下る　いずれ間もなく」と刺繍された壁飾りの裏にある隠し金庫の中に入れる。そして脱獄後、囚人服からスーツに速やかに着替え、アンディ・デュフレーンからランドール・スティーブンスへと成り代わって数行の銀行を回り、近い将来所長が得るはずであった資産をまんまと我が物にするのである。このように彼は完全な別人となって新しい人生を生きていく。

以上から、彼は「換える（convert）」という行動を明白にとったと考えることができよう。

(3)〈自分が負ったものに対して相応のことをして〉償う、埋め合わせる、帳消しにする（make amends for, compensate for, counterbalance）

物語の後半に、再審請求の望みを絶たれ、中庭で腰を下ろして失意に沈むアンディのところへレッドがそっと歩み寄り、二人きりで話をするシーンがある。その時アンディは、自分が妻を深く愛していたこと、冤罪という恐るべき不運に見舞われたこと、自分の陰気な性格が彼女を死に追いやったも同然であること、ジワタネホでホテルを開く夢があること、その際に物品調達に長けたレッドが必要になることなどを伝える。しかしそれを聞いたレッドは「そんな夢は捨てろ。夢のまた夢だ」と言下に否定する。ひとしきり言葉を交わした後、アンディはすくっと一人立ち上がって歩き出すが、自分を呼び止めるレッドに対し向き直る。そしてもしレッドが仮釈放されたら、バクストンの牧草地にある大きな樫の木まで行き、その下に埋めてあるものを掘り出すよう約束させる。

この会話の中でアンディは、自分は妻もその愛人も撃っていないが、たとえどんな過ちを犯したにせよ、「十分すぎる程の償いもした」と語っている。その償いとは、例えば先に述べた刑務主任の相続税免除、刑務官らの確定申告や教育資金作り、さらには刑務所長の資金洗浄の手伝いなど、自らの職業的スキルを活用して行った一連の貢献である。また囚人たちに対しても、図書室整備を通じて彼らが文化や教養、芸術に容易に接することを可能にした。そのうえ仲間の乾いた心を美しい音楽で潤し、高卒資格の取得を望む者には基礎から学問を教授し、彼らの目標実現のために手を貸した。事の善悪はともあれ、彼は支援を求める者、支援を受けるべき者に対し、人生を豊かにするような持続性の高い支援を誠実に施したといえるであろう。それらが「十分すぎる程の償い」という言葉に相当すると考えられる。こうして彼は銃の引き金を引いていないにもかかわらず、妻に対する自責の念から多くの利他的行為を実践し、実際の「罪」ではないが、「負い目」ともいうべきものを清算しようとしたと捉えることができよう。そして彼は一九年に及ぶ陰惨な刑務所生活を帳消しにし、いわば生まれ変わって新しい人生をメキシコで送ろうとするのである。

なお、彼の脱獄後、レッドも服役後四〇年を経て仮釈放を認められる。レッドもまた自身の犯した殺人という罪をこれまでに償い、これからも償っていくだろうと審査委員会で判断され、一般社会へと戻るのである。

以上、アンディとレッドに関わる描写から、本作品の原題に含まれる *redemption* の動詞 *redeem* には「償う、埋め合わせる、帳消しにする（make amends for, compensate for, counterbalance）」という意味が埋め込まれていると考えることができよう。

（４）〈困難・囚われの身・罪などから人を〉救う、解放する（rescue, save, free）

アンディは脱獄によって冤罪で収監されている自分自身を救済し外の世界へと解放する。そこに至る過程において、彼は次のようなことをしている。

一つはすでに言及したとおり、刑務主任と交渉し、仲間にビールをふるまう機会を実現した場面である。それはほんのひと時のことであったが、仲間の精神を過酷な刑務所生活から解放したのである。レッドはその時の自分たちのことを「自由の身にでもなったみたいだ。シャバのように思えた。我々が神のようにも」と語っている。

さらに彼は図書室を整備することによって仲間が少しでも健やかに刑期を過ごせるよう尽力し、また放送設備から拡声器を通して刑務所中に美しい音楽を流すことによって仲間の心を癒そうとした。レッドはその場面を「そうとも、あの歌声は心をしめつけた」と振り返り、「美しい鳥が訪れて塀を消すかのようだった。短い間だが、皆が自由な気分を味わった」（アルク英語企画開発部編、一九九八）と言い添えている。

加えて、アンディは高卒資格の取得を望む者に対して根気強く指導することによって彼らが人生の負のサイクルから抜け出すための援助も惜しまなかった。彼はいわば仲間の人生をその根底から変えることによって彼らを救おうとしたのである。

入所後三〇年にレッドは仮釈放審査委員会の定期面接を受けるが、不可との判断を下される。その時アンディは落ち込む彼にハーモニカをプレゼントする。レッドが昔ハーモニカを吹いたことがあることを知っていたため、再び吹くことでわずかながらも生きる励みを得ることを望んだのである。このようにアンディは親友へ優しい心配りをするのだが、実はそれ以前にレッドもまたアンディに対して細やかな気遣いをしている。アンディが男色家の囚人たちに痛めつけられ診療所に入れられている間に、レッドは仲間と一緒にアンディが彫るチェスの駒用の良質な石を集めるとともに、「お帰り、お代は不要」と書いたメモを添え、新しい女優のポスターをそっと彼の部屋に差し入れておいたのである。

また獄中にあってアンディはまるで「救世主」のように数々の価値を実現し、そして最後に脱獄を果たす。それらの行為はいわば「地獄」にいる仲間へ希望を与え、彼らの魂を救ったともいえるであろう。しかしその一方で彼の魂もまた仲間との触れ合いによって大いに救われていたと考えることができよう。

以上、本作品の文脈から、*redeem* は「救う、解放する（rescue, save, free）」という意味を包含していると捉えられる。

蛇足ながら、アンディが刑務所長に宛てたメッセージを紹介する。脱獄後、刑務所内の不正が新聞社に漏れ、警察の手が自分に迫っていることに気づいた所長は隠し金庫の扉を開けて帳簿を取り出すが、それは帳簿ではなくアンディが持っていた聖書であった。そしてその表紙の裏には「所長、救いは確かにこの中に（You were right. Salvation lay within.）」とのメッセージ（過去形）が書かれてあった。実はその言葉は、かつて所長が抜き打ち検査を口実に初めてアンディの独房を訪れて彼の聖書を手に取り、去り際に返す時に言った「救いはこの中に（Salvation lies within.）」という言葉（現在形）に対する強烈な皮肉だったのである。このようにこの二つの場面では「救い」にあたる言葉としては *redemption* ではなく *salvation* が使われている。

(5)〈何かを〉価値あるものにする、有効に活用する、改良する（make something worthwhile, use something effectively, reform）

入所後三〇年の先の定期面接で不可となったレッドは、休憩時の運動場でアンディに「三〇年だ。長い年月だな」と遠くを見つめながら言う。それに対してアンディは「消えた三〇年。僕はまだ一〇年」と諦観したように答える。

しかし、アンディは脱獄するまでの一九年間を決して無駄に過ごしていたわけではなかった。その期間を自らにとって価値あるものにするとともに、レッドを含む他の囚人たちにとっても各人の「日常」が少しでも有意義なものになるよう献身的にいろいろなことをした。既述のとおり州議会から予算を獲得し、図書室を改良し、高卒資格の取得を望む囚人には教育を施すことによって出所後の雇用可能性を高める手助けをした。

そして何よりもアンディはレッドと友情を育むことによって互いの「生活」を充実させた。彼らの友情は卑劣な刑務官たちに抗うかのようにより一層強固なものとなり、刑務所の壁をはるかに超えてメキシコへと続くのである。

さらにアンディは獄中にあって、所長の蓄財を手伝うふりをしながら、実際には脱獄後の自分のために資産運用をしていたのであり、当時としては破格の三七万ドルを超える「退職金」を彼が悠々と手に入れることができたのも、逆に言えばこの一九年という歳月があったからこそなのである。

以上から、動詞 *redeem* には「価値あるものにする、有効に活用する、改良する（make something worthwhile, use something effectively, reform）」という意味もまた込められていると考えることができよう。

（6）〈為すべきことを〉果たす、実現する（fulfill, carry out, realize）

所長により洗濯係から図書係へと格上げされたアンディは、ある日食堂で蔵書を増やす構想を仲間に伝える。彼らはできるはずないと一笑に付すが、やがて彼の熱意は州議会を動かし、なんと六年後に大量の中古の図書、レコード、小切手二〇〇ドル分を受け取ることに成功する。さらにその四年後には毎年五〇〇ドルもの予算を州議会から受け取れるようになり、その図書室はニューイングランド地方随一の刑務所図書室へと変貌を遂げる。このようにアンディは自らの構想をその驚異的な粘り強さで実現するのである。また彼は高卒資格の取得を欲するトミーや他の囚人に対して教育を施し、彼らの願いを叶える手助けをしている。

さらに彼は脱獄を果たし、ジワタネホでホテルを経営するという夢まで実現する。その夢は服役中、レッドだけに打ち明けたものであった。先に述べたとおり、彼はレッドに対し、仮出所したら郊外の大きな樫の木の下に行き、そこに埋めてあるものを掘り出すよう告げる。結果的にこの約束が一般社会に適応できず悩み苦しむレッドを救うことになる。レッドは意図して罪を犯し、居心地の良い刑務所に戻りたいと考えていた時期があったが、その時のアンディとのやりとりを思い出す。そして彼は「たったひとつのことが俺を引き止めた。アンディと交わした約束だ)」（アルク英語企画開発部編、一九九八）と一人つぶやく。

その後レッドは約束を果たすべくその場所を訪れ、埋めてあったものを掘り出す。しかし実のところ、レッドがその約束を果たす前に、アンディは抜かりなく将来のために手を打っておいたのである。すなわちアンディは、脱獄後メキシコへと一路南下する前に速やかにその場所に行き、レッドへの手紙と紙幣を入れた箱を黒曜石の下に隠しておいたのである。つまり二人はそれぞれ為すべきことをきちんと実行したからこそ、再会を果たすことができたのである。

以上、様々なシーンから、*redeem* には「果たす、実現する（fulfill, carry out, realize）」という意味も備わっていると言うことができよう。

（7）〈相手に〉復讐する、借りを返す、代償を払わせる（avenge, let someone compensate for）

この見出しの意味が掲載されている辞書は、参照した六冊の中では *The New Shorter Oxford English Dictionary* だけである。またそこには“*Formerly also*”（以前は次の意味でも）と注記されていることから、今ではあまり使われていないものの、かつては見出しの意味でも使われていたと考えられる。この点を踏まえて本作品をみていくと、次の二つの場面がそれに該当すると考えられる。

一つ目は、アンディに対し繰り返し暴行を働いていた囚人の主犯格のボグズが報いを受ける場面である。当初の二年間、アンディはボグズたちから日常的に暴行を受け、生傷の絶えない生活を送っていた。レッドは当時のアンディについて「悪夢の二年間だったろう。これが続いていたら彼は廃人同然に…」と描写している。しかし先に述べたとおり、一九四九年春の出来事、すなわちアンディが刑務主任の相続税免除を手伝うと公言して以来、彼に対する周囲の見方は一八〇度変わり、（おそらく彼を重用しようと考えた所長から命令された）刑務主任は、ほどなくしてボグズを警棒で滅多打ちにする。そしてボグズは囚人用病院へと移送され、二度と自力では歩けず、流動食しか口にできない体になる。これによりアンディに安穏が訪れるが、彼は決して自らボグズに手を下したわけではなく、最初からそのように意図して周囲を仕向けたわけでもない。むしろ彼の有能さが刑務官たちを自然と動かし、文字どおりボグズに鉄槌が下されたのである。結果的にボグズは自らの悪行の報いを受けたことになる。それはこの悪党にとってまさに自業自得であり因果応報であったといえよう。

二つ目は、ボグズの例とは異なり、アンディ自身が計画して刑務所長と刑務主任に復讐をする場面である。閉ざされた「王国」で思うがままに暴政を振るってきた刑務所長と刑務主任を罰するため、彼は証拠品として不正帳簿等一式を足に縛り付けて脱獄する。そして速やかにそれを地元新聞社へ送付する。これにより彼らの悪事は白日の下に晒され、刑務主任は逮捕され、刑務所長は拳銃で自害する。彼らを追い詰めたのは紛れもなくアンディであるが、この時も刑務主任に手錠をはめたのは警察官であり、刑務所長の命を絶ったのはその人自身である。このようにして彼らもまた自らの悪行に対し自ら清算することを余儀なくされたのである。すなわち刑務主任はこれから始まる服役をもって罪を償うことになり、刑務所長は自ら命を絶つ以外の方法を選択することができなかったのである。特に所長の自害は短絡的で自己中心的な行為であり、囚人たちが長い刑期を経てようやく至る「更生」ではなく、贖罪とも全く性質を異にするものである。このようにアンディに対してだけでなく社会に対して彼らが払うべき代償は、狡猾で狭量な彼らの想像をはるかに超えて大きかったのである。

なお、アンディが脱獄直前に所長にメッセージを残していたことは先に述べたが，彼はそのメッセージを書いた聖書の中に脱獄用の穴を掘るロックハンマーを隠していた。そのハンマーの形にくり抜かれたページを見て所長は驚き、あまりの衝撃に床に落としてしまう。それはあたかもその見えざるハンマーによって頭を殴打されたかのようでもあり、神聖な聖書を開いたまま足元に落とすという不敬を働いた彼の偽善者ぶりが象徴的に映し出された瞬間でもあったといえよう。この聖書落下の本質は所長自身の品性や精神の堕落だったのかもしれない。なぜならアンディの入獄日、所長は到着したばかりの囚人たちを前にして「神への冒涜は厳禁。神の名を決して汚すな」と厳命さえしていたからである。

以上、本作品を読み解く限り、*redeem*には「復讐する、借りを返す、代償を払わせる（avenge, let someone compensate for）」というかつて使われていた意味も宿っていると考えられよう。

むすび

この章では本映画の英文原題に含まれる*redemption*という語に焦点を当て、その元となる動詞*redeem*の意味を探ることを試みた。それに先立って英英辞典四冊と英和辞典二冊を参照し、そこに記載された意味を大きく七つに整理・分類した。そのうえでそれら七つの意味をストーリーに即して読み解く作業を行った。

その結果、本作品には、①取り戻す、②換える、③償う、埋め合わせる、帳消しにする、④救う、解放する、⑤価値あるものにする、有効に活用する、改良する、⑥果たす、実現する、⑦復讐する、借りを返す、代償を払わせる、という七つの動詞（行動）が物語成立のための必須の要素として随所に織り込まれていることが判明した。したがって、*redeem*にはこれら七つのすべての意味が含まれていると考えることができよう。

このことから、この極めて広範で多義的な語が原題に使われた理由は、豊穣で示唆に富む本作品の内容を*redeem*（実際にはその名詞形である*redemption*）以外の語で表現することができなかったからではないかと思われる。制作者側が*redeem*の意味についてここまで細かく述べた資料や文献に接したことはないが、逆に言えば彼らの意識下にある無意識がこの語を使う必然性と妥当性を直覚し、結果的にこの語を選択したのではないかとも考えられる。

他方、本章の冒頭で紹介したティム・ロビンスも語っているように、この語が原因となって映画の題名を覚えにくくし、大衆にアピールしないものにしてしまったことも一面真実であろう。確かに本作品はその題名の難解さゆえに不評であったと思われる。しかし不発に終わったのは公開後しばらくの間に限られたことであり、本作品はその内容が持つ圧倒的な力でじわじわと自らの評価を高めていく。興味深いことに、いわば「冴えないタイトル」を冠した本作品がそのような静かで控えめな道程を辿るさまは、まるでぼろの囚人服をまとったアンディが揺るがぬ信頼を次第に勝ち得、輝いていくプロセスと重なるかのようである。

第４章

『ショーシャンクの空に』の主人公の魅力を解き明かす
――カッツが唱えた三つの基本スキルの視点から――

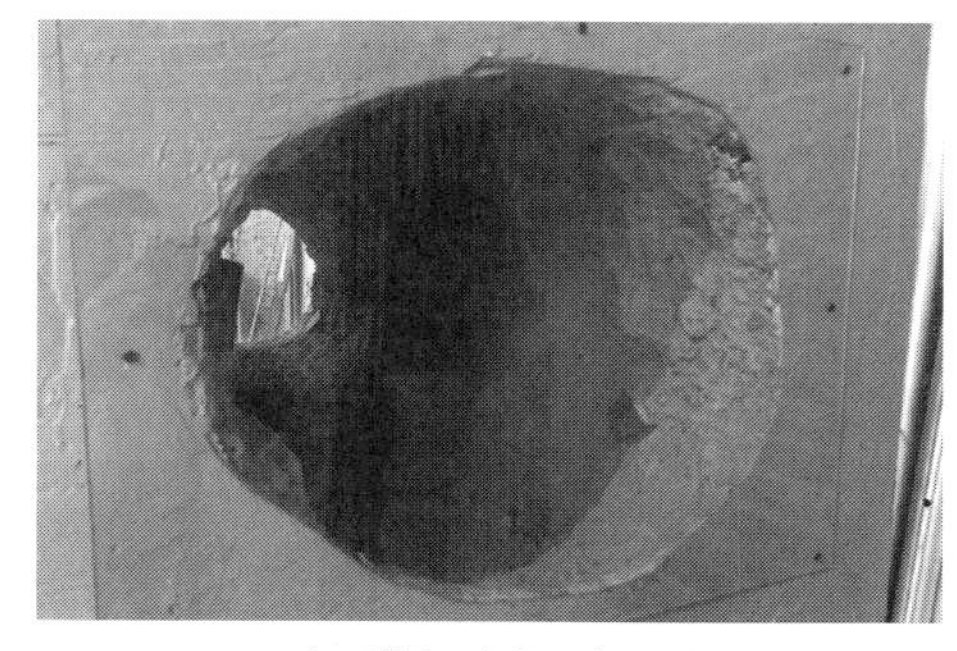

アンディが掘ったトンネル（実物）
（現行のミュージアム内に展示）

アンディが砕いた下水管の穴（実物）
（現行のミュージアム内に展示）

上の穴とアンディが這い進んだ下水管の中（実物）

1　本作品の人気を支える主人公の魅力

本書の「序」で触れたとおり、『ショーシャンクの空に』は日本国内に留まらず海外でも高い人気を長年にわたって誇っている。この作品には様々な特徴や仕掛けが埋め込まれているが、本作品全体の人気を支えているのは何といってもアンディ・デュフレーンという主人公が持つ人間的な魅力であろう。その魅力を解き明かすため、本章ではカッツが唱えた三つの基本スキルの視点からアンディの言動を分析し、それらのスキルを彼がどのように駆使しているかをつまびらかにする。これにより彼自身の魅力のみならず本作品全体に対する高い評価の内実に迫ることができると考えられる。

なお、カッツの三つの基本スキルの視点から本作品や主人公について批評・論考した文献は、私の知る限りでは見当たらないことからこの視点の採用そのものが新しい試みといえる。

2　カッツが唱えた三つの基本スキル

一九七四年にロバート・L・カッツ（Robert L. Katz）は経営学の専門誌『ハーバード・ビジネス・レビュー』で、優れた管理者（administrator）が備えるべき三つの基本スキルを提唱した。第一は技術的スキル（technical skill）であり、特定の職務に必要とされる個別具体的なスキルである。例えば外科医、会計士、エンジニア、ミュージシャンなどは、研修や訓練によって各分野で固有の技術を後天的に修得し、その技術を活かして生計を立てたり多くの人々のニーズに応えたりしている。第二は対人的スキル（human skill）であり、自分と関わりを持つ人たちの性格や考え方、行動特性などを理解し、協力・協調して業務やプロジェクトを遂行するスキルである。第三は概念化スキル（conceptual skill）であり、自分が所属する組織や置かれた環境、あるいは社会全体の中で自らの立ち位置や役割、及びその意味や意義を把握し、どのような状況にあっても物事の本質を見極めようとするスキルである。

以上がカッツの唱えた優れた管理者が備えるべき三つの基本スキルであるが、高橋・石井（二〇一三）はこれらは管理者のみにあてはまるものではなく、教師にもあてはまると主張している。先の技術的スキル、対人的スキル、概念化スキルは、教師が有するべき教育上の「専門性」、学習者・保護者・同僚と関わる「社会性」、自己を見つめ必要に応じて軌道修正する「自己省察力」にそれぞれ符合しており、それらは相互に影響し重なり合う部分を持ちながらも、自己省察力を駆動的基盤とし、三位一体となってより良く職務を遂行できるようになる状態（すなわち自身の成長）につながっていくと説明している。

これらは程度の差こそあれ、特定の業種や責務に留まらず、すべての社会人が備えるべき横断的スキルの総称であり分類であるといえよう。**図4-1**は高橋・石井（二〇一三）が提示した「教師の成長の構図」を参考にこれらの関係を改めて整理・作成したものである。次節ではアンディがこれらのスキルをどのように刑務所内で発揮し、脱獄及び脱獄後の自己実現へと結びつけていったかについて考えてみたい。

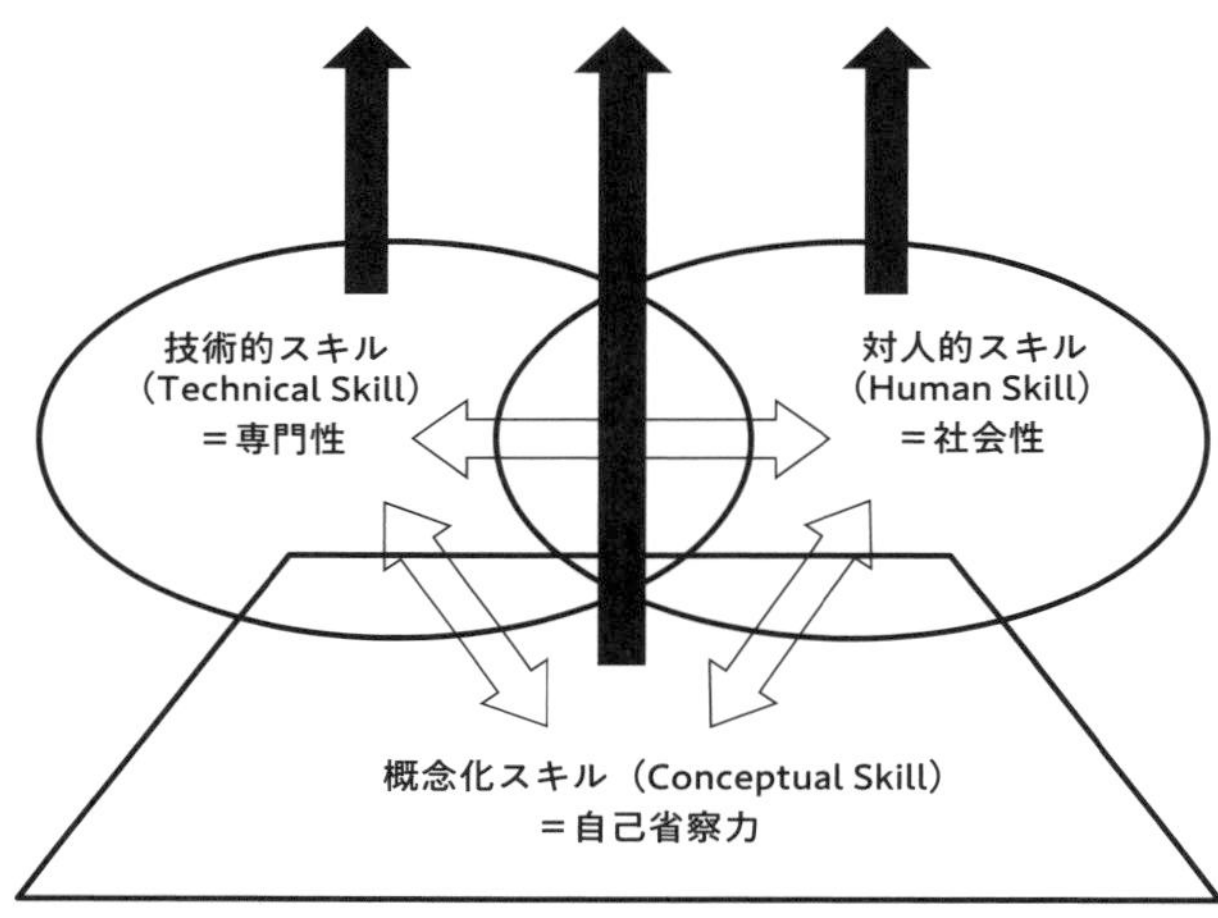

図４－１　カッツが唱えた３つの基本スキルと人間的成長との関係
出所）高橋・石井（2013）を参考に著者作成。

3　アンディと三つの基本スキル

（1）技術的スキル（Technical Skill）

入獄前のアンディはメイン州ポートランドにある大銀行の副頭取であった。彼の強みは銀行家として培った税務・会計に関する専門性である。図らずも彼はそれを活かして刑務主任の相続税免除の手続きを行い、続いてショーシャンク刑務所のみならず他の刑務所の看守たちの確定申告までも手伝う。また子供の教育費を作りたいと申し出てきた看守の相談にも親身になって応じる。挙句の果てには、刑務所長の汚職を通じた蓄財及び資金洗浄までもやらされるはめになる。こうしてアンディは所長にとって資金管理アドバイザーのような役目を担うとともに刑務所内で一生を終えてもらわなければ困る存在となる。なぜならアンディが仮出所でもして所長の悪事を口外するようなことになれば、所長自身が投獄される身となってしまうからである。

このようにアンディは価値ある技術的スキルを身につけているがゆえに所長や看守たちから大いに利用されるのだが、そのスキルのおかげで彼の刑務所内での処遇は次第に改善されていく。最初に目に見える良好な変化が起こったのは入所後二年が経過した時である。アンディの有能さを耳にした所長はアンディを洗濯係から図書係へと格上げし、同時に刑務主任に命令してアンディに対して暴行を繰り返すボグズを文字どおり叩き潰し、二度と通常の刑務所に戻れない体にして囚人用病院へと送り出す。これによってアンディを物理的に襲う者は所内から完全に姿を消すことになる。

新たに図書係になった彼はその後六年間、州議会に毎週手紙を送り、図書室拡充のための陳情を続ける。同議会はついに根負けし、大量の書籍やレコード、小切手二〇〇ドルをショーシャンク刑務所に寄贈する。驚くべきことに、この時アンディは自分の想定よりも早く、わずか六年で陳情が実ったことを喜ぶとともに、今後は週に二通書くとその場で決意する。そしてその四年後にはなんと同刑務所の図書室のためだけに毎年五〇〇ドルもの予算を計上することが州議会で決定される。これによりかつてはネズミの糞と油の臭いに満ちた倉庫がニューイングランド地方一の刑務所図書室へと生まれ変わるのである。

ここで留意すべき点は、アンディは税務・会計だけに精通していたわけではないということである。税務・会計はいわば社会・経済活動全般にわたる仕組みであるが、彼はその根本となる知識やノウハウを持っていたがゆえに、世の中がどのような構造になっており、どこに働きかければどのように動くかということまでも知悉していたと考えられる。寄贈図書類の受け取りは彼の世間知が結実した一例であろう。

さらに物語の後半で、真犯人に相違ない人物が存在することを知ったアンディは再審請求の手続き開始を所長に願い出るが、これもまた普通の囚人が一人で思いつくことではないと考えられる。このように彼が有する技術的スキルは限られた専門性をはるかに超え、一般教養を含む広範なものであったと考えられる。その証拠に彼は図書の分類法や鉱物、音楽、聖書にも精通しているほか、トミーという若い家族持ちの囚人に高卒資格を取らせるために学問の基礎も教授する。そして当該試験の監督官まで務め、見事トミーを合格に導くのである。加えて、彼は刑務所内の様々な施設の構造までも把握し、脱獄決行当夜が雷雨になることも正確に把握していたと考えられる。なぜならその時間帯に雷鳴が轟くことを知っていなければ、トンネルを抜けた後にある下水管を石で砕く時に生じる音をかき消すことはできなかったからである。

先に述べたように彼は自らの専門性を活かしてランドール・スティーブンスという架空の人物をこの世に生み出すが、もともとその人物は、所長の汚職が万一発覚した場合でも、所長が逮捕されないよう書類上に存在させていただけであった。したがってアンディがまさか脱獄後にその人物に成り代わって生きていくことになろうとは、誰も思いつかなかったであろう。ここに作中人物のみならず、視聴者までもが虚を衝かれた思いになるのだが、まさにそれこそが本作品の精巧な出来栄えの証左であり、爽快感を増幅させる大きな要素の一つになっていると考えられる。

（2）対人的スキル（Human Skill）

長身痩躯のアンディは一見ひ弱で神経質そうな印象を与える。彼は入所した最初のひと月は誰とも打ち解けようとしなかったが、ある晴れた日に、刑務所の外から密かに物品を手に入れることができる「調達屋」のレッドにロックハンマーを注文する。それは退屈な刑務所の中で鉱物コレクターとしての趣味を復活させるためであった。レッドはこの時のアンディの印象を「彼は気取って見えた。それもそうだ。物腰がここの連中とは違う。まるで公園を散策するかのように歩いていた」と述懐し、「そう、俺は初めからアンディが気に入った」（アルク英語企画開発部編、一九九八）と続ける。

入所後二年を経たある日、アンディは刑務主任の相続税免除の手続きを代行する見返りとして仲間にビールをご馳走してもらうことに成功する。彼の無鉄砲とも思える行動に彼らは驚愕するが、同時に自分たちにビールを飲める機会を与えてくれたアンディに感謝する。この日を境に彼らはアンディに一目置くようになり、彼の趣味がより充実したものになるよう良質の岩石を集めることに協力する。

その後もアンディは州議会からの寄贈物の中に『フィガロの結婚』のレコードを見つけ、放送設備から刑務所中に美しい歌声を響き渡らせる。そんなことでもしようものなら自分が懲罰房に入れられることは百も承知していながら、すべての囚人たちの心をほんのひと時でも癒そうと思い、そのような利他的な行動に出たのだと考えられる。懲罰房から戻ったアンディは仲間に温かく迎えられる。この頃には彼は刑務所内の誰からも特別な存在として認知され信頼されるようになっていた。

また本作品は長年の刑務所暮らしに慣れ、むしろ出所後に現実社会で生きることに恐れを抱く囚人たちの内的葛藤も描いている。仮出所日が近づき、不安定な精神状態に陥ったブルックスが、仲間の一人にナイフを突きつけて騒ぐ場面があるが、この時もアンディは持ち前の対人的スキルを発揮してブルックスをなだめ、もう一人の囚人を救出する。そしてその直後にアンディはブルックスに歩み寄り、手で顔を覆って泣く彼の肩に優しく手をかける。

このようにアンディは常に冷静でありながらも温かい心の持ち主であり、危険を冒してでも人のために行動する勇気を兼ね備えていた。彼の優しさは脱獄前後のレッドに対する行動からも読み取ることができる。服役中、彼はレッドにジワタネホという地名（脱獄後にアンディが住む太平洋岸のメキシコの町の名前）を告げ、レッドが仮釈放されたらバクストンの牧草地に行き、大きな樫の木の足元に置かれた黒曜石の下を掘るよう伝える。そして脱獄後、アンディはその場所に行き、レッド宛ての手紙と紙幣を入れた箱を黒曜石の下に隠す。アンディがメキシコへと向かうのはそれからである。

冷徹に考えるならば、アンディはレッドに対してそのようなことをする義務はなかった。脱獄後はランドール・スティーブンスとして銀行回りをして預金を下ろし、一刻も早くショーシャンクの地から遠ざかるほうが安全である。しかし彼は残された親友を思い、忠実に約束を果たした。さらにその後、テキサス州のフォートハンコックという国境の町から宛名だけを書いた絵葉書をレッドに出し、そこからメキシコに入国したことを消印で暗示する。これによりレッドはその町をめざして南下することができるのである。

その他、アンディが看守たちからも愛されていたことを示す場面を二つ紹介する。一つは、州議会から最初に寄贈を受けた時、その場にいた看守が自分も嬉しそうにアンディに微笑み、冷酷で卑劣な刑務主任が立ち去った後に「おめでとう」と祝福の言葉をかける場面である。もう一つは、再審請求への協力を拒絶した所長に暴言を吐いたとして懲罰房に入れられたアンディが、食事を運んで来た年配の看守に「(高卒資格取得試験を受験した) トミーが合格したぞ、よかったな」と扉越しに教えてもらう場面である。その直後に報われた思いで満足げな表情をうっすらと浮かべるアンディの顔が暗がりの中でズームアップされる。

(3) 概念化スキル (Conceptual Skill)

概念化スキル、すなわち自己省察力は、技術的スキル (専門性) と対人的スキル (社会性) を方向づけ、その向上を推進する根源的なスキルである。また自分を律するとともに状況に応じて軌道修正する力でもあることから、自動車でいえばハンドルかつエンジンに相当する (高橋・石井、二〇一三)。アンディの概念化スキルは物語の至るところで見られるが、俯瞰すると次の三つの点で大きく発揮されていると考えられる。

一点目は、自身の脱獄に関わるものである。彼は独房の壁の材質を分析し、ロックハンマーで穴を掘り続けると屋外に達するまでにどれくらいの時間がかかるかを冷静かつ緻密に計算する。またハンマーと穴をどのように隠すか、削り屑をどう処分するか、監房棟から出た後にいかにして敷地外に出るか、運良く外界に出られたとしてもその後どのような服を着て、どのように逃走資金を得て、どのような交通手段でどこへ向かうのか、行き着く先ではどのようにして生計を立てるのか。こうした点を一つ一つ吟味しながら周到に脱獄計画を練り、様々な作業を並行して進めていったと考えられる。つまり一口に脱獄といっても、長遠な展望を持ち壮大な絵を描かなければ不可能であり、それを成就させるためには極めて高度な概念化スキルが求められるのである。

二点目は、親友のレッドとの友情の継続についてである。アンディにとってレッドは獄中における同志であり、良き相談相手であり、この世で最も心を許せる人間であった。アンディは脱獄後にジワタネホでホテルを開き、そこでレッドと共に働くことを明確にイメージしていた。彼は服役中にその構想をレッドにほのめかすとともに、レッドが仮釈放中に取るべき具体的行動も伝える。すなわち自分の脱獄だけではなく、それを実行に移す前から親友のことまでも視野に入れて計画を立てていた。これもまた常人にはとても真似のできないことである。脱獄後の絵葉書の発送はレッドに対する継続的励ましであり、いかに彼が気配りのできる、メタ認知能力（自分自身を客観視しコントロールする能力）の高い人物であるかを端的に示しているといえよう。

三点目は、囚人たちを必要以上に痛めつけ、時に死に追いやった刑務主任と汚職の限りを尽くした刑務所長への復讐に関するものである。この点でもアンディは我が身の安穏に固執せず、大所高所から物事を判断し、悪事を働いた人間を然るべく懲罰する計画を立てる。彼は証拠品として不正帳簿等一式を脱獄後に新聞社に送付する。これにより刑務主任は逮捕され、所長は自ら命を絶つことになる。しかしそのような結末に至ったのも、アンディがそれらの文書類が破損しないよう丁寧にビニール袋の中に入れ、自分の足に縄でくくりつけ、トンネルと下水管の中を這い進んでいったからにほかならない。それらはまさに足手まといであったが、彼の冷静かつ熱い正義感は、それらを携行する煩わしさに勝ったのである。その理由は、悪人たちが刑務所という社会から隔絶された「王国」の中で暴政を振るい続けることを彼の良心が許せなかったからであろう。先の絵葉書をレッドが受け取ったのはこの悪人たちが刑務所から姿を消してからのことである。アンディはそのタイミングを見計らってか、あるいは新聞等でこの事件を確認した後に自分が差出人であることを当局に悟られないよう細心の注意を払って投函したものと考えられる。

むすび

以上述べてきたとおりアンディの魅力の最大の源泉は、これら三つの基本スキルを自在に駆使できる力にあると考えられる。

作中ではアンディの親や兄弟については一切描かれておらず、彼の学歴もまた不明である。ただし若くして大銀行の副頭取に昇りつめたことや幅広い教養を備えていることなどを考えると、彼はもともと優秀だったのであろう。しかし社会的に高い地位に就いていたがゆえに、無実の罪で投獄され、それまでの人生とは全く異なる環境で生きていかざるを得なくなった彼のショックは相当なものであったと想像される。

それでも彼は自暴自棄に陥ることなく、ささやかな趣味を持ち、自分の精神状態を平静に保つことを心がける。そして自らが有する技術的スキル（専門性），対人的スキル（社会性）、そして概念化スキル（自己省察力）を最大限に活かし、囚人仲間に尽くし、所長と看守たちにも尽くす。そうした利他的な行為を重ねる過程において、周囲の信頼を勝ち得、秘密裏に脱獄作業を進め、ついに脱獄を成功させる。それだけでも「大偉業」といえそうなものであるが、そこで満足しなかったところにアンディという人物の本当の凄さと本作品の国際的高評価の理由があると考えられる。

すなわち、脱獄後アンディは所長らに速やかに復讐を果たすとともに、レッドと将来再会するための手立てを誠実かつ抜かりなく講じる。そしてメキシコに渡りホテル経営を始めるのだが、自分だけでなくレッドも将来にわたって生計を立てられるよう、その親友の才能・才覚に見合った仕事を用意し、いつの日か自分を訪ねてくるのを待つのである。この深謀遠慮の概念化スキルを基盤とした三つのスキルの複合体こそが彼の魅力の最大の源泉であり、本作品の魅力に直結していると考えられる。

その意味で本作品は、絶望的状況に置かれた一人の人間が三つの基本スキルを最大限に発揮して成し遂げる壮大な人生の逆転劇・再生劇として観ることもできるであろう。それはまた逆境にあって今を必死に生きるすべての人たちに多くの勇気と示唆を与えてくれるものであると思われる。

第５章

『ショーシャンクの空に』の主人公が実現したものとは何か

――フランクルが唱えた三つの価値の視点から――

ブルックスとレッドが働いていた
スーパーマーケットの外観（現KV Market）
レッドの絵が壁に飾られている。

上のスーパーマーケットの内部
レッドの絵が出入口の脇に飾られている。

1　アンディとフランクルの共通項

前章では主人公アンディが技術的スキル、対人的スキル、概念化スキルの三つの基本スキルを存分に駆使していたことを確認した。それでは彼はこれらのスキルを使って一体何を成し遂げたのであろうか。言い換えれば、どのような価値を実現したのであろうか。それを明らかにすることが本章の目的である。その目的達成のため、本章ではフランクルが唱えた三つの価値を踏まえつつ、それを発展的に解釈し、様々なシーンを振り返りながら論考を進めることとする。

フランクルの視点を活用する理由は、片やアンディが登場するのは架空の映画（舞台は刑務所）、片やフランクルが著したものは実話（舞台は強制収容所）という違いはあるものの、両者には特筆すべき共通項が認められるからである。すなわちこの二人は、①一般社会においていわゆる知識階級に属し、②悪事を働いていないにもかかわらず囚われの身となり、③生きて再び外に出られるか分からない過酷な環境下に無期限に置かれた、という点において共通しているのである。そこにはフィクションとノンフィクションという基本的な違いはあるものの、観る者と読む者に対して強烈なメッセージを同等に発していると考えられる。

2　ヴィクトール・E・フランクル

ヴィクトール・E・フランクル（Viktor E. Frankl）は一九〇五年にオーストリアで生まれ、ウィーン大学で医学を修めた精神科医である。彼はユダヤ人という理由だけで一九四二年に強制収容所に入れられ、自らも生き地獄を味わいつつ、精神科医の視点から極限状態に置かれた人々を冷静に観察した。奇跡的に生き延びた彼は第二次世界大戦が終結した一九四五年に解放され、翌々年にその実体験を踏まえて綴った書籍を刊行した（諸富、二〇一二）。同書は後年、日本でも『夜と霧：ドイツ強制収容所の体験記録』（霜山訳、一九五六）及び『夜と霧』（新版）（池田訳、二〇〇二）という題名で出版され、ロングセラーとなっている。

彼が唱えた「創造価値」「体験価値」「態度価値」の三つの価値を扱った原稿は、実は収容所抑留前に途中まで執筆されていたが（諸富、二〇一二）、解放後の一九五二年にいったん発表され、日本でも『死と愛：実存分析入門』（霜山訳、一九五七）という題名で出版されている。しかし彼はその後も加筆修正を行い、その作業を晩年まで続けた（山田、二〇一一）。彼は一九九七年に没するが、本章では彼の死後の二〇〇五年に発刊された第11版を全訳した『人間とは何か：実存的精神療法』（山田監訳、二〇一一）も参考にした。

3 フランクルが唱えた三つの価値

(1) 創造価値

創造価値とは、職業や労働、その他あらゆる能動的行為を通じて実現される価値のことである。一九八六年にドイツ語から英語に翻訳された *The Doctor and the Soul: From Psychotherapy to Logotherapy*（医師と魂：心理療法から意味中心療法へ）という書籍の中で、この言葉は *creative values* と訳されている（書籍名の括弧内の和訳は著者による）。この価値の概念は広く、例えば現代では、会社員、芸術家、主婦・主夫、学生が仕事や勉強など、自己の本分に即して何らかの創造的行為に従事することによって実現されるものも含まれる（諸富、二〇一二）。

フランクルは創造価値の性質に深く踏み込んで語っていないが、この価値にはさらに「自己完結的（利己的）」と「利他的」な二つの側面があると考えられる。例を挙げれば、他者の便益を想定せずに自分が楽しむためだけに絵画を描くことは自己完結的な側面にあたる。仮にある幼児が一人で楽しく画用紙に絵を描いているならば、その幼児は「お絵描き」という行為を通じて自己完結的な創造価値を実現しているといえるであろう。他方、本人の意図にかかわらず、ある人が描いた絵画が結果的に他者の感動や堪能につながる場合には、そこには利他的な創造価値が実現されていることになる。仮に親や大人が、子どもが描いた絵や作った詩、書いた手紙に感銘を受けるならば、そこには作品の巧拙を問わず、利他的な創造価値が現出していると捉えることができよう。ちなみにこの「自己完結的」及び「利他的」な側面は次の二つの価値にも当てはまるものである。

（２）体験価値

体験価値とは、文字どおり体験を通じて実現される価値のことである。この言葉は先に挙げた*The Doctor and the Soul*という書籍の中では*experiential values*と英訳されている。フランクルは「この価値は、世界を受容すること、例えば自然や芸術の美しさに没入することによって実現される」（山田監訳、二〇一一）と述べている。

彼は『夜と霧』において、絶望的状況下にありながら、列車から見えた夕焼けの美しさに思わず感動を禁じ得ない囚人たちの姿を活写している。また最愛の妻と自分が共有したかけがえのない体験、すなわち大切な思い出を心の拠り所とし、実際には眼前にいない妻があたかもそこにいるかのように自分の心の中で彼女と対話することによって、苦難の中で生きる希望を見出していたことを明かしている（彼と妻は別々の収容所に入れられ、妻が抑留中に亡くなったことを彼が知るのは自身が解放された後のことであった）。

また体験価値は過去の思い出に留まらず、間断なく実現され続けるものである。収容所でその当時の「今」を生きたフランクルは『夜と霧』の中で、仲間と交わした冗談やユーモアが「自分を見失わないための魂の武器」（池田訳、二〇〇二）になったと述懐している。また囚人たちの演芸会で歌われた歌、吟じられた詩、奏でられた音楽はどれもグロテスクなものであったが、それらでさえ彼の心を震わせ豊かなものにしてくれたと記している。

以上から創造価値と同様に体験価値にも、自己完結するもの、愛する人や仲間と共有されるもの、そして利他的影響力を持つものがあると理解される。フランクルは「体験価値は世界（自然・芸術）を自我の中に受動的に受けいれることによって実現される」（山田監訳、二〇一一）と述べているが、一方でこの価値は、受動的なインプットのみならず、自発的意志や自律的行動といった能動的なアウトプットの形で自己と他者の中で実現されうることも忘れてはならないであろう。

（3）態度価値

態度価値とは、創造価値も体験価値も実現する機会を奪われた人間が、それでもなお実現することのできる、他者から決して奪われることのない、自己に内在する態度を基盤として実現される価値のことである。この言葉は先の *The Doctor and the Soul* という書籍の中では *attitudinal values* と英訳されている。フランクルは『夜と霧』の中でこれを「倫理的に高い価値」（霜山訳、一九五六）と位置づけるとともに「与えられた事態にある態度をとる人間の最後の自由」（霜山訳、一九五六）であるとし、また『人間とは何か』の中でその本質は「人間が変えることのできないものをいかに受けいれるかということにある」（山田監訳、二〇一一）と述べている。

この価値について、フランクルは『それでも人生にイエスと言う』（山田・松田訳、一九九三）の中で、ある末期の入院患者が取ったさりげなくも崇高な態度を例にして次のような説明をしている。その患者は自らが数時間後に息絶えることを覚知し、医師であるフランクルの午後の回診時に、本来は夜打つべき注射を今打つことを望み、そうすればフランクルも看護師も安眠を妨げられずに済むという気配りの言葉を発したのである。それは「人間らしい無比の行い」であったと同書の中で彼は振り返っている。

このやりとりから、態度価値にも自己完結的側面と利他的側面の両方があることを読み取ることができる。すなわちその患者は他者を思いやることによって倫理的・道義的に高い自己を実現することができ、それによって内的満足を得られたものと考えられる。その一方で彼の気高い態度に触発され、フランクルの心の中にも人として最も大切なものは態度から発する振る舞いであるとの確たる価値観が醸成されたと考えることができる。その根拠としては、フランクル自身が患者の言動に価値を見出し、その状況を具体例として特記している点、そして別の機会にも創造価値、体験価値と比べ、態度価値こそが「最も偉大な価値実現の機会」（山田監訳、二〇一一）にあたると主張している点が挙げられる。

（４）三つの価値のまとめ

以上、フランクルが唱えた三つの価値について紹介するとともに、それらに関する私なりの見解を付加してきた。これら三つの異なる価値の境界や区分は明示されていないが、実際にはそれぞれの価値は互いに重なり合い、相互に影響し合っていると考えられる。

例えば、先の患者のフランクルに対する言動は、それを態度価値と受け止める度量・器量を持つフランクルがいたからこそ、態度価値として認識されたのであり、それは患者とフランクルとの間に新たに生まれ共有された体験価値でもある。また先述した創造価値に関しても、ある創作物（例えば絵

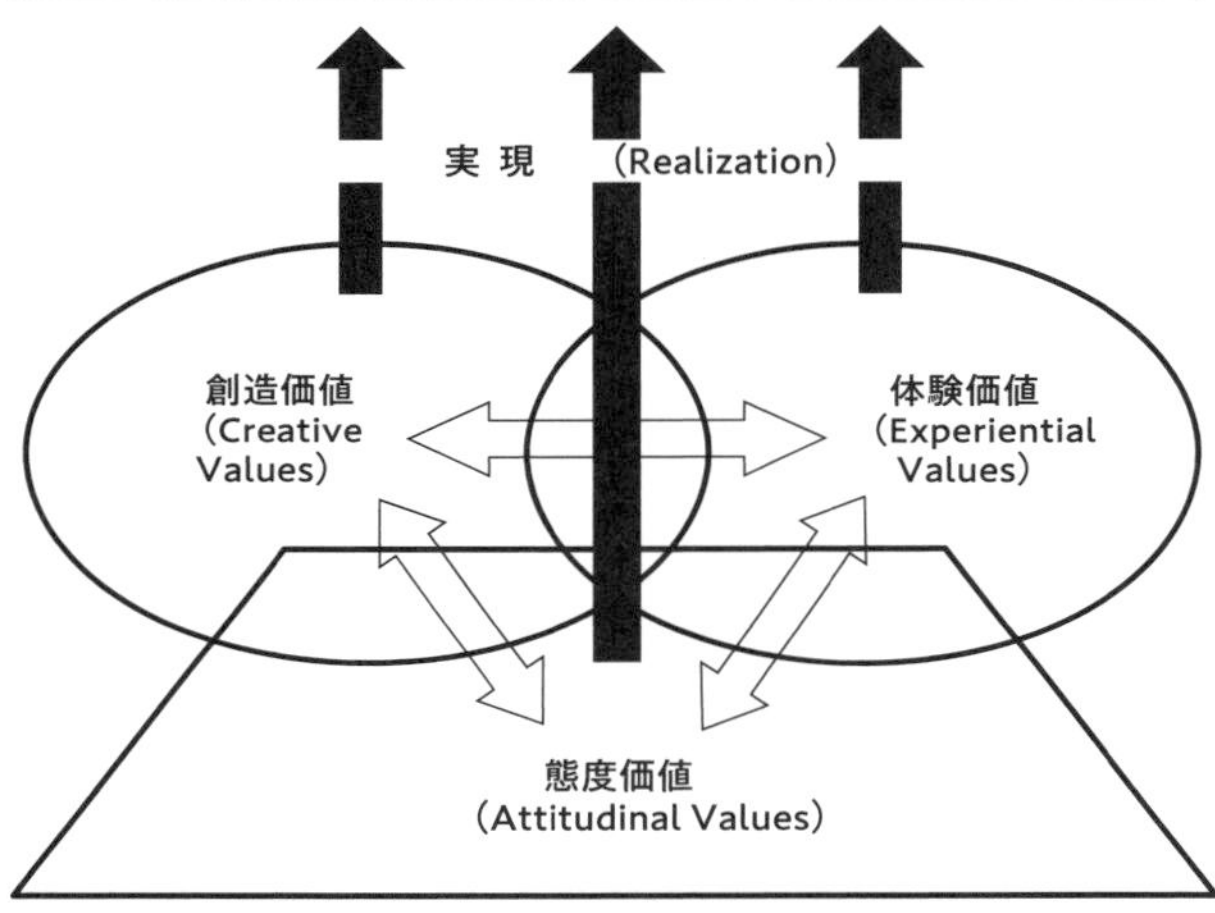

図５－１　フランクルが唱えた３つの価値と目的達成との関係
出所）著者作成。

画、詩、音楽）がその作者の自己完結的、利他的といった元々の意図にかかわらず、結果的に人間（自己や他者）に喜びや感動を与えるならば、そこには創造価値のみならず、体験価値も実現されていると考えることができるであろう。

しかしその創造価値、体験価値も所詮人間の心の中で感得されるものである以上、それらを価値あるものと受け止める鋭敏で豊かな感性や品性、あるいは生きていく上での心構えや姿勢といった、一人の人間の核心に関わる部分を源泉として実現される態度価値こそが最も枢要な価値であると考えられよう。

図５-１は態度価値を駆動的基盤とし、創造価値と体験価値と三位一体となってそれらの価値が実現されることにより、自己完結的及び利他的な目的が達成され

る流れを示したものである。

なお、読者の方はすでにお気づきのことと思われるが、この図は前章で示した**図4-1**と基本的に同じ構造をしている。すなわち、この図では態度価値が創造価値と体験価値のベースとなっており、**図4-1**では概念化スキル（自己省察力）が技術的スキル（専門性）と対人的スキル（社会性）の基礎となっている。その意味では、態度価値と概念化スキルには相通じるものがあり、ともに人間の根幹を成す要素であると言ってよいであろう。ちなみにカッツが唱えた三つの基本スキルに関しても、それぞれに自分のために使う自己完結的な側面と他者のために使う利他的な側面の二つがあると考えられる。

4　アンディと三つの価値

『ショーシャンクの空に』の主人公アンディは誰にも途中経過を明かさず、入獄から一九年を経たある夜、突如かつ見事に脱獄を果たす。しかし彼が成し遂げたもの、実現したものははたして脱獄だけだったのだろうか。それ以外にもあるとすればそれは一体どのようなものだったのだろうか。

本節ではこの問いに対する答えを探すべく、作中のシーンに即してフランクルが唱えた三つの価値の視点から考えてみたい。

（1）創造価値

一九四七年に投獄されたアンディは刑務所内の労役に従事する傍ら、刑務所外からの物品調達に長けたレッドに依頼し、ロックハンマーや研磨布を入手する。もともと鉱物マニアだった彼はこうした道具を使って石磨きの趣味を復活させる。磨かれた石は置物として独房の窓辺に陳列されたり、休憩時間にプレイするチェスの駒として使われたりするようになる。このような行為はいわば彼の心を慰めるためのささやかな自己完結的な創造価値の実現であったといえよう。

アンディが元銀行員としての知識やスキルを活かし、最初に利他的な創造価値を実現するのは一九四九年のことである。建物の屋上で仲間とコールタール塗りをしていた彼は刑務主任の話を偶然耳にし、その主任の相続税免除の手続きを買って出る。これを機に彼は刑務所内で一目置かれるようになり、その彼に利用価値があると見込んだ所長は、彼を洗濯係から図書係へと格上げする。彼は図書係を務めながら刑務官たちや所長の確定申告を代行したり、子どもの教育費を作りたいと言ってきた刑務官の相談にも乗ったりするようになる。さらには所長の不正蓄財まで手伝わされるはめになるのだが、万一それが発覚しても所長が捕まらないよう、身代わりとなる人物を法の抜け道を突いて作り出す。その人物はランドール・スティーブンスという名の書類上でしか存在しない「幽霊」であるが、出生証明書も運転免許証も持っている。こうしてアンディは持ち前の技術的スキル（専門性）を活かし、事の善悪はさておき、利他的な創造価値を生み出し続けるのである。

その一方で彼は税務や会計以外の知識も存分に発揮する。メイン州の議会に粘り強く陳情の手紙を送り、ついには中古の書籍やレコード、そして図書室拡充のための予算を獲得する。彼は受け取った書籍を仲間に指示してジャンル別に分類し書架に整然と並べる。こうして彼は囚人たちが日常的に文化や芸術に接することができるような環境を整備するのである。

さらにアンディの利他的な創造価値の実現は「人づくり」という教育の領域にも及ぶ。新入りのトミーという囚人には妻と女の赤ちゃんがいたが、彼は読み書きが不得手で高校も卒業していなかった。自分の将来を案じた彼は、ある日アンディに高卒資格を取りたいと申し出る。アンディは即座に断るが、トミーの意志の堅さを確認すると学問の基礎から教え始める。これを一年間続けたトミーは見事試験に合格し、高卒資格を取得するのである。

以上、アンディが実現した趣味に関わる自己完結的な創造価値及び自らの専門性や教養をベースに実現した利他的な創造価値について述べた。しかし、彼は他にも少なくとも二つの創造価値を実現している。

一つは、物理的に彼が脱獄用の穴を掘ったこと、すなわちトンネルを作ったことである。彼はその作業を行うことによって心のバランスを保ち、またその工程で発生する削り屑を運動場に捨てることも密かな楽しみとしていた。つまり彼にとっては、小さな石ころを磨くことも大きな穴を掘ることも、一心不乱に打ち込める「創作活動」という点において、同じように価値的な行為であったと捉えることができる。

もう一つは、刑務所という劣悪な環境下にあって、彼が自分の心の中に「希望」を作り出したことである。その希望は、脱獄という単に刑務所外に抜け出すことだけではなく、メキシコ太平洋岸の町に落ち着きホテルを経営するという、むしろ具体的かつ持続可能な行動目標に近いものであった。

そして彼が自らの意志と信念で作り出した希望の灯火は、他の囚人たちにも燃え広がり、彼ら一人ひとりの胸中をも明るく照らすようになる。彼らはアンディが脱獄した後も彼の思い出話に花を咲かせる。そしてほどなくして親友のレッドも仮出所を許可される。かつては渇望したシャバ世界だったが、四〇年に及ぶ刑務所暮らしですっかり「施設慣れ（institutionalized）」したレッドにとって一般社会の生活は苦痛以外の何物でもなかった。新たに襲われた絶望の中で彼は服役中にアンディが自分に告げた郊外の牧草地を思い出して訪れる。そしてアンディが地中に隠した自分宛ての手紙と紙幣を見つける。その手紙には「希望は良いもの、多分最上のものだ。そして、良いものは決して消えることがない（Hope is a good thing, maybe the best of things, and no good thing ever dies.）」（アルク英語企画開発部編、一九九八）と書かれてあった。

こうしてレッドはアンディの希望を自らの希望とし、仮釈放違反をしてまでもアンディの跡を追い、ジワタネホの白浜で感動の再会を果たす。ここで本作品は壮麗な映像と音楽でエンディングを迎えるが、その後二人が異国の地で力を合わせ、ホテル経営を通じて新たな創造価値を実現していくであろうことは想像に難くない。

以上から、アンディが生み出した最大の創造価値は自己と他者に生きる意味を与える「希望」だったのではないかと考えられる。またトンネル作りや脱獄だけではなく、それ以外の様々な無私・無償の行為の中にも大きな価値が宿っていたように思われる。このことは、彼自身が希望を抱くとともに、彼の存在自体が皆の希望となっていたことを示唆しているともいえよう。彼がもたらした利他的かつ持続性のある創造価値のおかげで、ある刑務官は子どもの将来に希望を見出し、トミーは自分と家族の生活に希望を見出した。またレッドを含む囚人仲間はアンディの聡明で果敢な行動の中に生きる意味や喜びを見出したと捉えることができるであろう。

（2）体験価値

冤罪で投獄されたアンディは、生来の繊細な性格もあって、当初は他の囚人たちと交わることを避けていた。しかし二年を経たある日、彼は刑務主任の相続税免除の手続きを自分が無償でする代わりに、屋上作業中の仲間にビールをご馳走してほしいと提案する。そして「外で働いている時のビールは最高です」と言葉を足すが、自分自身は支給されたビールには手を付けず、ただ笑みを浮かべて仲間が美味しそうに飲んでいるのを眺めていた。この時のことをレッドは「まさに一九四九年の春の珍事だった」とし、自分たちのことを「自由の身にでもなったみたいだ。シャバのように思えた。我々が神のようにも」と語っている。

この状況から読み取れることは、アンディが刑務主任を手助けするとともに、仲間を喜ばせたいと自ら願って利他的な体験価値を生み出したということである。アンディの脱獄後も、囚人仲間はこの日の出来事をよく覚えており、彼のおかげでビールにありつけたと談笑するシーンが出てくる。その場面にレッドの次のナレーションが重なる。「彼が去って寂しくなる時もあるが、彼は自由に飛ぶべき鳥だったんだ。光り輝くその羽根。飛び立つ時、俺たちの心まで喜びに満ちる」と。

ここにおいて米国以外の世界にも視野を広げてみると、ロシアの文豪・トルストイは一九世紀の著作『コサック』（乗松訳、二〇一二）の中で主人公に「幸せとは、他人のために生きることにある」と語らせ、またわが国の法華経の行者・日蓮は一三世紀に「喜とは自他共に喜ぶ事なり」（堀編、一九五二）と弟子に説いている。まさにアンディの一連の振る舞いはこれらの先哲の思想を時空を超えて体現したものであるといえよう。

本映画には、刑務所内での賭け事や暴力などの否定的な側面が描かれている一方で、肯定的な側面も描かれている。例えば、仲間同士で食堂で語らう場面、作業中に軽口を叩き合う場面、運動場でキャッチボールをする場面、お気に入りの女優の映画を嬉々として鑑賞する場面などである。アンディに関しても休憩時間にレッドとチェッカーをする場面がある。こうした仲間と一緒に体験を共有することに加え、彼は独りで黙々と石を磨くことも好み、またレッド経由で入手した女優のポスターを壁に貼って眺めたりもしていた。

彼は妻との思い出も宝物のように大切にしていた。そもそも彼が冤罪で投獄された原因は妻の浮気にあったのだが、彼は妻をその死後もずっと愛していた。彼はレッドに次のように悔恨と自責の念を吐露している。「美人だった。愛してた。でも表現できなくて…。私が妻を死に追いやったも同然だと思う」と。続けて彼はレッドに対し、かつて自分が妻に求婚した場所を訪れ、そこにある大きな樫の木の下に埋めてある「何か（something）」を掘り出すよう約束を取り付ける。

この言動から次の二点を伺い知ることができる。一点目は彼が妻と紡いできた思い出、すなわち体験価値を長年にわたって大事にしてきたことである。いわば彼は妻を許していたのである。二点目は無二の親友であるレッドに対し、今後の人生をメキシコで一緒に仕事をしようと誘うにあたって、意図して同じ場所を選んだことである。つまりアンディは妻に対面で「プロポーズ」したその場所で、今度はレッドに手紙で「プロポーズ」することにより、過去の体験にいわば上書きする形でそこに新たな人生の起点を刻み込もうとしたのではないかと考えられるのである。

その他、アンディが実現した体験価値に関して二つほど言及したい。

一つ目は州議会から寄贈された中古レコードの中から『フィガロの結婚』を見つけ、それを流す場面である。彼は刑務所中に聞こえるように機器をセットし、その上で誰も入って来られないよう内側から施錠する。そして無断で放送したことを看守や所長から咎められると、より一層音量を上げるという大胆不敵な行動に打って出る。何百人という囚人たちが運動場に設置された拡声器を微動だにせずに見つめ、そこから流れ出る女性の美しい歌声を恍惚として聴き入る光景はこの映画の中でも最も壮観なシーンの一つであろう。ナレーションの中でレッドはこの歌声について「我々の頭上に優しく響き渡った。美しい鳥が訪れて塀を消すかのようだった。短い間だが、皆が自由な気分を味わった」と述べている。

この行為によってアンディは懲罰房に入れられる。しかし彼は最初からそうなることを知りながら、自分だけではなく、たとえ束の間であっても仲間に音楽を楽しんでほしいと願い、自己を犠牲にしてまで利他的な体験価値の実現を望んだのだと考えられる。その一方で、彼はあえて懲罰房に入れられることを欲していた節もある。そのことは彼が解放され、食堂で仲間と再び合流した時に、自分の頭と心（ハート）の中で独り静かに音楽を聴いていたと嬉しそうに語る場面から読み取ることができる。したがって、彼はまず利他的な体験価値を放送設備を使って実現し、その上で自己完結的な体験価値を懲罰房の中で実現していたと考えることもできよう。

二つ目は、彼が脱獄時に穴にもぐり込む直前にチェスの駒を箱詰めしてビニール袋に入れ、それをロープで足に結んで暗がりの中を這い進む場面である。動きの効率性だけを考えれば、それは文字どおり足手まといであり「お荷物」であったろう。しかしチェスの駒は獄中にあって彼が丹念に磨き上げた思い出の品であり、それはまた同時に将来のレッドとの再会後に新たな思い出を紡ぐための品でもあったのである。その証拠に先述の仮出所したレッド宛ての手紙の中では、チェス盤を用意して待っているとの言葉も添えられている。このように物体としては単なるチェスの駒であっても、そこには過去の自己完結的な体験価値と未来の他者との共有を願う体験価値が凝縮されていたのである。

(3) 態度価値

先に述べたとおり態度価値は、創造価値も体験価値も実現する機会を奪われた一人の人間がそれでもなお実現することができる、息を引き取る最後の瞬間まで決して他者から奪われることのない価値である。それは人としての振る舞いに関わる最も崇高な価値であるとともに、それが駆動的基盤となって創造価値や体験価値を生み出す一切の根源的な価値である。この価値は自動車に例えるならばエンジンとハンドルに相当し、他の二つの価値の中身や質、及びそれらが実現される速度やタイミングをコントロールするものであると捉えられる。

本作品に通底するアンディの言動や生きる姿勢、そしてそれによって実現された態度価値について以下に述べていく。

アンディはレッドと運動場で初めて言葉を交わした時からレッドに好かれる。その時レッドはアンディの静かで柔らかな物腰に他の連中とは異なる「何か」を感じ取る。それはアンディの鋭敏な感受性や彼が無意識に生み出す態度価値そのものではなかったかと思われる。短い会話を終えて立ち去るアンディの後ろ姿を見ながら「まるで公園を散策するかのように歩いていた。自分だけの世界を持っていたのだ」とレッドは語っている。この言葉は『夜と霧』の次の一節を想起させる。すなわち過酷な収容所生活に耐え抜くことができたのは粗野な人々よりもむしろ繊細で感受性の強い人々、つまり「おぞましい世界から遠ざかり、精神の自由の国、豊かな内面へと立ちもどる道」（池田訳、二〇〇二）が開かれていた人々であったと記されている部分である。

この日を境にレッドはアンディの味方となる。他方、もしこの時レッドがアンディのことを人間的に好いていなければ、先述の「一九四九年の春の珍事」は起こらず、それを契機としてアンディの図書係への昇格もなく、独房にポスターを貼ることも認めてもらえなかったであろう。であれば穴を隠すこともできず、脱獄も成し得なかったことになる。二人の初めての会話は短時間であったが、それはまさに「小事は大事」との箴言を象徴するワンシーンでもあったといえよう。

本作品ではアンディの他者に対する優しさや慈しみの心が様々な場面で描かれている。自分と同じ日に入所し翌朝に亡くなっていた囚人の名前を食堂で尋ねる場面、仮釈放間近になって気が動転し仲間の首にナイフを突きつけるブルックスをなだめる場面、全囚人の心を潤わそうと大音量でレコードをかける場面、仮釈放が却下されたレッドにハーモニカをプレゼントする場面、高卒資格取得試験の不出来に怒りを爆発させ答案用紙を捨てたトミーに対し立腹することなくその紙を冷静にゴミ箱から拾い上げる場面、投函した絵葉書の消印によって自分が国境を越えた町をレッドに知らせ喜ばせる場面、仮出所中のレッドに自分の手紙を読ませ具体的目標を与える場面などである。

このように彼は、たとえ囚人であっても、人間には善性が備わっていると信じていたように見受けられるところがある。反対にその善性を自ら放棄し、他者を傷つけたり社会を欺いたりする者を彼は決して許さなかった。そして囚人たちに理不尽な暴力を振るい、時に死に至らしめた刑務主任、そして不正蓄財に励み、トミー殺害を命じた刑務所長に対し、彼らに見合う「罰」を用意するのである。脱獄後、彼は所内の真実を白日の下に晒すべく証拠書類を付して新聞社に通報する。その結果、刑務主任は逮捕され、所長は自ら命を絶つ。彼らが自らの悪事に対する報いを受ける場面を見て、溜飲を下げた視聴者は少なくないであろう。

その他、アンディが実現したと考えられる態度価値について二つほど言及したい。

一つは、彼の学問・教養及び芸術を大切にする気持ちとその実践である。彼の学歴は明らかにされていないが、若くして大銀行の副頭取を務めていたことを考慮すれば、相当高度な学問を修め、豊かな教養と確かな見識を備えた人物であったと推測される。このような後天的に得られた素養がアンディという人物を形成したと考えられる。またそれと並行して美しいものを愛する心も醸成されていったと思われる。彼にとって石を磨くことは美しい造形物をこの世に生み出すこと、すなわち芸術的行為にほかならなかったのであろう。また彼が寄贈されたばかりの多数の中古レコードの中から『フィガロの結婚』を速やかに選び出し、その美しい音律をもって刑務所中の囚人たちを魅了したことはまさに彼の磨き抜かれた感性の為せる業であったといえよう。そのレコードを無断で放送したことにより懲罰房に入れられた彼は二週間後に解放され、仲間と食堂で落ち合う。その時彼は「音楽は決して人から奪えない。そう思わないか?」と問いかけ、レッドに対し「心の豊かさを失っちゃダメだ。人間の心は石でできてるわけじゃない。心の中には何かある。誰も奪えないある物が…。君の心にも」と諭す。そしてそれは何かと尋ねるレッドに対し「希望だよ(Hope)」と答えるのである。

このアンディの言葉から音楽はまさに彼にとって重要な自身の一部となっていたということができよう。もちろんそれは音楽を価値あるものとして鑑賞することができる素養があったからこそなのであるが、その美に対する認識や感性を自分だけでなく、仲間にも持ってほしいと願う彼の切なる気持ちが表れている場面でもあったといえよう。

もう一つの態度価値は、アンディが何事にも粘り強く取り組んだことである。それは彼が生きるうえでの基本姿勢としていたことであり、「根気」「持続力」「諦めない心」とも表現されうるものである。

一般社会で超エリートであった彼の胸にはおそらく様々な思いが去来したであろうが、囚人たちが活字や文化、芸術に触れられるようにするための労を惜しまなかった。図書係になった彼は蔵書を豊富にしようと、州議会に毎週手紙を出して陳情し、六年後にようやくその望みが叶った後も、さらに毎週二通の手紙を出し続け、その四年後にはこの図書室のためだけに毎年五〇〇ドルの予算計上を州議会に決定させたのである。この出来事はアンディが常人では考えられないほどの根気強さと執念を持っていることを物語っているといえよう。

また彼が長い歳月をかけて脱獄用のトンネルを掘り続けたことも特筆に値する。彼はその穴が見つけられてしまうことを恐れつつも、いつの日かメキシコの浜辺に立つ自分の姿を思い描き、皆が寝静まった後に掘り続けた。トミーの死後、アンディとレッドは中庭で二人きりで話をする。その時アンディは自分の選択肢は二つに一つであり、それは「必死に生きるか、必死に死ぬか（Get busy living or get busy dying.）」だと告げる。この言葉は『夜と霧』の中でフランクルが態度価値について述べた、「すなわち典型的な『収容所囚人』になるか、あるいはここにおいてもなお人間としてとどまり、人間としての尊厳を守る一人の人間になるかという決断である」（霜山訳、一九五六）という一節と符合すると思われる。

実はこの時、彼はほぼ穴を掘り終え、必死に生きることを選択済みだったのであるが、脱獄が成功する保証はなく、大きな不安を抱いていたと考えられる。永世竜王などの称号を持つ棋士の羽生善治（二〇〇五）は「何かに挑戦したら確実に報われるのであれば、誰でも必ず挑戦するだろう。報われないかもしれないところで、同じ情熱、気力、モチベーションをもって継続してやるのは非常に大変なことであり、私は、それこそが才能だと思っている」と語っているが、この至言はまさにアンディの姿勢や行動にそのまま当てはまるものであるといえよう。

なお、彼は冤罪で投獄されたことを大きな「不運」と感じてはいたが、それに打ちのめされることはなかった。獄中にあっても強い心で自己を律し、希望を作り出し、そしてそれに向かって「必死に生きる」ことによって、自身を「不幸」と感じることはなかったのではないかと思われる。

そして脱獄後もレッドが自分を訪ねてくることを根気強く待つのである。二人が砂浜で感動の再会を果たすシーンについて、アンディ役を演じたティム・ロビンス（Tim Robbins）は、“*off CAMERA with Sam Jones*”という映像コンテンツのインタビューの中で、「多くのハッピーエンディングは映画上の技巧として仕組まれたものであるが、本作品のエンディングはそうではない。長い苦難を経て獲得されたものであり、その類い稀な真実味が多くの人々の深い共感を呼ぶ理由になっていると思う」という主旨の発言をしている。

以上、アンディの言動を通じて、彼の品性・知性・感性、人間を信じ慈しむ心、学問と芸術を愛する心、そして決して諦めない心について述べてきた。それらは誰も奪い取ることのできない彼固有の態度価値の源であり、三つの価値すべてを実現するための原動力・推進力であったといえよう。

むすび

本章では、主人公アンディが成し遂げたものについて、フランクルが唱えた三つの価値の視点から、本作品のシーンに即して論考した。その結果、彼は脱獄だけではなく、広範な創造価値、体験価値、態度価値を幾重にも実現してきたことが確認された。

各価値について要約するならば、一つ目の創造価値に関しては、獄中にあって「希望」という大きくかつ究極的な価値を自己と他者の胸中に作り出したといえよう。二つ目の体験価値に関しては、生きる喜びや意味を実感できる体験を自他共に紡いだといえよう。その体験は彼が脱獄した後も、囚人たちの共通の思い出、すなわち「共有財産」となって生き続けることになる。そして三つ目の態度価値に関しては、人間の心や芸術にも内在するあらゆる美なるものを愛し、その対極にあるあらゆる醜なるものを憎む態度を堅持し、それを自己の振る舞いの中に具現化していったといえよう。このように彼は様々な行為を通じて自己のみならず他者を利する価値を生み出した。しかしその根底には彼自身の信条や考え方、生きる姿勢など、人間の核を成すともいえる要素があり、それらを現実の行動の中で示したものが態度価値だったのである。

本作品を今一度振り返れば、入獄後のアンディは他の囚人たちと同様に粗末な服をまとい、同様の独房に入れられ、同様の労役を課された一囚人に過ぎなかった。しかし彼は三つの価値を着実に積み重ね、ついには自分の希望を叶えるに至る。このことは、平凡な人間であっても、生来備わる良心や徳性にしたがって懸命に生きるならば、その努力に応じて力量や技量をさらに伸ばし、発揮し、ひいては他者や社会全体に貢献できることを示唆しているのではないかと考えられる。反対に健気で善良な者を貶めたり陥れたりする邪悪な者には見えざる手によって必ずや鉄槌が下されることも示しているように思われる。

アンディには皆に憧れ慕われる救世主的な側面がある一方で、悩みや問題を抱えつつ日々を必死に生きる点において、我々にも十分に当てはまる側面があると考えられる。その意味で彼は三つの価値の実現を通じて、私たち一人ひとりは決して無力ではなく、ありのままの姿で、なお多くの価値を生み出せる存在であることを教えてくれているのではないかと思われる。

第6章

キャリア・チェンジ・ストーリーとしての『ショーシャンクの空に』

――著しい変化への適応と次の舞台への準備と飛躍――

レッドが赤い小型トラックから降りた地点
トラックは右へ、レッドは左へ向かった。

レッドが歩いたバクストンの道

1 「キャリア・チェンジ」という視点

第1章の「むすび」では、主人公アンディの生き方に触れ、「本作品をより大きな働き甲斐を求め、目下の仕事をこなしつつ、人知れず努力を重ね、新天地をめざす『転職映画』として鑑賞することもできるであろう」と述べた。その一方で「転職映画」としての見方に関する論及は限定的であった。

脚本家兼監督のダラボン自身もまた、公開二五周年にあたる二〇一九年のNBCニュースのインタビューの中で、アンディが小さなロックハンマーで厚い壁を掘り進むさまは個人のキャリア（career）形成を含む世の中の多くの事柄を象徴していると語っているが、この点に関する彼の発言は短く、その真意を正確に読み取ることはむずかしい。

そこで本章では「転職映画」からさらに一歩進めて、「キャリア・チェンジ・ストーリー（career change story）」として本作品を鑑賞しうるか否かについて考えてみたい。次にそれが仮に「可」である場合、アンディが「キャリア・チェンジ（career change）」に成功したといえるかどうかについて検討する。そして最後に、もし彼がキャリア・チェンジの成功者であるならば、彼のどのような資質や行動の中に成功の要素を見出すことができるかということについて見ていきたい。

２　「転職」・「キャリア・チェンジ」の定義

『広辞苑』（新村編、二〇一八）によれば、「転職」とは「一つの職から他の職に転ずること。職業をかえること」と記されている。また「職業」とは「日常従事する業務。生計を立てるための仕事。生業、なりわい」と書かれている。山本（二〇〇五）は、「転職」とは「一般に勤務先の組織または雇用主を変えることを意味する」とし、わが国では同じ業種における「転社」の意味合いで使われる場合が多いと述べている。

これに対し「キャリア・チェンジ」という言葉はもともと英語であり、その概念は「転職」のそれよりも大きい。Carrillo-Tudelaら（2016）は「ある働き手が、雇用主を変え、それ以前に従事していた業種や職種と異なる新しい仕事を始めるケース」と定義している。またGriffin（1981）は自身の論説の中でRobbins（1978）が唱えた「新しい知識やスキルを学ぶか、全く異なる労働環境に足を踏み入れるか、そのどちらかまたは両方を伴う著しい変化」という定義を紹介している。

以上、「転職」と「キャリア・チェンジ」のそれぞれの定義を確認したが、本章では主に後者についてのRobbins（1978）の定義を念頭に入れて述べていくこととする。

3 「キャリア・チェンジ」に関する文献

本章では、以下の三冊を分析の視座を得るための文献として用いる（詳細情報は「参考文献」を参照）。

・『会社をやめて人生に勝つ：キャリア・チェンジで適職をつかめ』（一九八五）……………文献1
・『ハーバード流 キャリア・チェンジ術』（二〇〇三）……………………………………文献2
・『超一流ヘッドハンターが教える！ 30代からの「異業種」転職 成功の極意』（二〇一八）…文献3

多数の文献の中からこれらを選定した理由は、キャリア・チェンジに関していずれも豊富な事例を踏まえ、極めて具体的に成功者に共通する行動特性やキーワードを抽出し、さらに成功のための戦略を列挙・解説しているからである。

このうち学術研究者による著書は、かつてハーバード・ビジネス・スクールで教鞭を執り、その後ロンドン・ビジネス・スクールに移籍したハーミニア・イバーラの『ハーバード流 キャリア・チェンジ術』（宮田訳、二〇〇三）（英文原題：*Working Identity: Unconventional Strategies for Reinventing Your Career*）のみである。一方で一九八〇年代及び二〇一〇年代のわが国の現場第一線の実務者（転職経験者及び転職支援者）によって著された他の二冊にも時空や文化を超えて示唆に富む視点が多々含まれていると思われる。

４　分析のための視点

表６−１は前掲の三冊に文献番号を付し、そこに記された主要内容を取り出して機械的に並べたものである。また**表６−２**は**表６−１**内の項目がかなりの数にのぼることから、これらをＫＪ法（川喜田、一九六七）を用いて整理・統合したものである。その最終化に至る過程において文献内の既存項目では的確に表現しきれない上位概念については、独自に名称をつけることによって明確化・構造化を図った。

本章ではこの**表６−２**の「著者による三つの大分類」と「細目（整理・統合後の項目）」において括弧・半括弧で示した文言を、次々節の考察の中で見出し・小見出しとして表記し、順を追って論じることとする。

表6－1　「キャリア・チェンジ」に関する文献とその内容

文献1	文献2	文献3
『会社をやめて人生に勝つ：キャリア・チェンジで適職をつかめ』目次（全7章の各タイトル）	『ハーバード流キャリア・チェンジ術』「新しいキャリアを見つけるための型破りな九つの戦略」（219–223頁）	『超一流ヘッドハンターが教える！ 30代からの「異業種」転職 成功の極意』「転職が成功する人のキーワード」（全12ポイント）（82–101頁）
自己と状況を数字で読むこと	行動してから考える	利他の精神、無私の精神のある
一度ドン底に落ちて自己確立する	本当の自分を見つけようとするのはやめる	放下著・百雑砕を備えている
実力の蓄積があれば、味方は集まる	「過渡期」を受け入れる	最後まで筋を貫きリスクをとる
時代のニーズを先取りすること	「小さな勝利」を積み重ねる	個人の利益よりも公益を重んじる
自分の人生は、自分で演出せよ	まずは試してみる	「親しき仲にも礼儀あり」をわきまえた
飛ぶ前には雌伏しなければならない	人間関係を変える	「七転八起」・ダルマの胆力を持った
要するに好きな道を突進することだ	きっかけを待っていてはいけない	ヨコの人間関係の広がりを求めて縁を大切にする
	距離をおいて考える	感情をバネにプラス思考に換えられる
	チャンスの扉をつかむ	遊び心と童心を持って即興ができる
		孤独とうまく付き合える
		他人と比較しないで自己実現を目指せる
		アポイントメントに絶対に穴をあけない

注）文献3に関してはすべてのキーワードの語尾に「人」という字があったが、文献1及び2と表現を揃えるために本表内では削除してある。

出所）著者作成。

表6-2　分析のための視点

著者による3つの大分類	細目（整理・統合後の項目）	文献番号
(1) 自己を捨て省察し再定義する	1) 一度ドン底に落ちて自己確立する	1
	▶本当の自分を見つけようとするのはやめる	2
	▶放下著・百雑砕を備えている	3
	2) まずは行動し、小さな勝利を積み重ねる	著者作成
	▶まずは試してみる	2
	▶行動してから考える	2
	▶「小さな勝利」を積み重ねる	2
	3) 自己と置かれた状況を冷静に見つめる	著者作成
	▶自己と状況を数字で読むこと	1
(2) 他者と意義ある関わりを持つ	1) 人間関係を変える	2
	▶ヨコの人間関係の広がりを求めて縁を大切にする	3
	2) 他者に敬意を払い、他者に尽くす	著者作成
	▶利他の精神、無私の精神のある	3
	▶個人の利益よりも公益を重んじる	3
	▶アポイントメントに絶対に穴をあけない	3
	▶「親しき仲にも礼儀あり」をわきまえた	3
	3) 実力の蓄積があれば、味方は集まる	1
(3) 視野を広げ自己を律する	1) 自分の人生は、自分で演出せよ	1
	2) 心に「遊び」をもって孤独と付き合う	著者作成
	▶孤独とうまく付き合える	3
	▶遊び心と童心を持って即興ができる	3
	3) 自分の力を信じる	著者作成
	▶最後まで筋を貫きリスクをとる	3
	▶他人と比較しないで自己実現を目指せる	3
	▶感情をバネにプラス思考に換えられる	3
	▶「七転八起」・ダルマの胆力を持った	3
	4) 時を読み、時を待ち、時を作り、時をつかむ	著者作成
	▶「過渡期」を受け入れる	2
	▶距離をおいて考える	2
	▶飛ぶ前には雌伏しなければならない	1
	▶きっかけを待っていてはいけない	2
	▶チャンスの扉をつかむ	2
	▶要するに好きな道を突進することだ	1
	▶時代のニーズを先取りすること	1

出所）著者作成。

5　本作品は「キャリア・チェンジ・ストーリー」といえるか

本節では、本作品を一つの「キャリア・チェンジ・ストーリー」として鑑賞しうるか否かについて検討する。次に仮にそれが可である場合、主人公アンディがそのストーリーの成功者とみなせるか否かについて考えてみたい。

エリート銀行員だった彼は、投獄された日を境にそれ以前の人生とは全く異なる体験をしていく。最初の二年間、彼は刑務所の規律や生活リズムに適応することに努め、また同時に洗濯係として新しい仕事を一つ一つ覚えていく。その一方で暴力と不条理の辛酸を舐める。その後図書係へと配置転換され、会計係を兼務する。また高卒資格の取得を望む囚人たちに対しては教師として学問を基礎から伝授するとともに、刑務所の図書室を整備したり美しい音楽を大音量で放送したりと、いわば総合的な演出家のような役割も果たす。

彼は冤罪であり、自ら望んで入獄したわけではない。しかし同様のネガティブな「著しい変化」は誰の身にも起こりうることである。例えば会社員であれば、ある日突然、左遷や意にそぐわない配置転換を言い渡されることもあるであろう。また喜び勇んで就職・転職した会社が実は巧妙に偽装されたブラック企業であったというケースは十分にありえることである。あるいは組織全体は「ブラック」ではないにしても、配属先の部署、すなわち小さな閉鎖空間で、陰湿ないじめや嫌がらせが起こる可能性は、人間というものが完全無欠な存在でない以上、完璧に排除することはむずかしい。現に日本の有名企業や国立大学においてもパワハラや過労死、不正、隠蔽などが繰り返されてきた事実を踏まえれば、特定のコミュニティの「掟」や「しきたり」を知らない新任者や異動者、すなわち雇用弱者や情報弱者が被害者となる可能性は古参者に比べて格段に高いと考えられる。なぜならそこには新参者の意欲、経験、能力などを生かすどころか潰すような悪しき組織的ＤＮＡが浸透し、それを防ぐためのチェック機能も働いていないからである。

わが国の厚生労働省は「ブラック企業」に関して公式な定義をしていないが、古川（二〇一三）は、ブラック企業では少なくとも「違法もしくは脱法的な労務管理」が常態化し、勤務し続けた場合には「生存権が脅かされる」危険があることを指摘している。また今野（二〇一二）は、都内のある会社を取り上げ、そこには従業員に対する「徹底的な従属とハラスメント」が顕著に見られると述べている。これらのブラック企業の特徴は、よこしまな所長と看守らによって支配されたショーシャンク刑務所にもそのまま当てはまるものである。

他方、仮にブラックな環境にいなくても、今の自分の仕事に何らかの不満を持っている人もいれば、満足しつつもより一層のステップアップを望んでいる人もいるであろう。Cope（2019）はそのような人たちが置かれた状態を刑務所に譬え、彼らに向けて「刑務所から脱出し、夢の生活を築け（Escape your prison and build a dream life.）」というメッセージを発している。またアンディ役を演じたティム・ロビンス（Tim Robbins）も前章で紹介した映像コンテンツのインタビューの中で、我々の多くはそれぞれの人生において何らかの形で囚われの身となっており、刑務所は配偶者との不仲や、不本意な仕事に就いていることなど、社会のありとあらゆる困難な状況や境遇を象徴している、と語っている。

ショーシャンク刑務所はブラック企業さながらの、あるいはそれをはるかに上回る劣悪で陰惨な環境だったが、アンディは常に視界を良好に保ち、最後にまんまと脱獄を遂げる。そしてメキシコに渡り、ホテル経営に着手する。彼は銀行員として復職することは叶わなかったが、予期せぬ「不運」に屈することなく、刑務所という最初の「新天地」で次々と新境地を開き、さらにジワタネホという第二の「新天地」で未知なる新境地を開いていくことが予見されるのである。

先に挙げた「キャリア・チェンジ」の「新しい知識やスキルを学ぶか、全く異なる労働環境に足を踏み入れるか、そのどちらかまたは両方を伴う著しい変化」というRobbins（1978）の定義に従えば、アンディはネガティブとポジティブの両方の労働環境における「著しい変化」の体験者であるといえるであろう。

したがって全編を通じたストーリー展開から本作品を「キャリア・チェンジ・ストーリー」と捉えることは十分に可能であると考えられる。さらに前章で述べたように、彼は幾多の価値を実現したことから、キャリア・チェンジの成功者とみなすことができるであろう。ただしこの点に関してはここではまだ暫定的見解とし、彼のどのような資質や行動の中に成功者としての要素を見出すことができるのかという点と合わせて次節で確認していくこととする。

6　アンディの資質・行動特性・戦略について

ここからは**表6-2**の「著者による三つの大分類」と「細目（整理・統合後の項目）」において括弧・半括弧で示した文言を以下に見出し・小見出しとして表記し、考察を進めていく。

（1）自己を捨て省察し再定義する

①一度ドン底に落ちて自己確立する

アンディが入所した日の夜、レッドはナレーターとして次のように語っている。「最初の夜が一番つらい。素っ裸で歩かされる。肌は消毒薬でヒリヒリ痛む。独房に入り、鉄格子が閉められた時、現実だと気づく。今までの人生を失い、際限のない時との葛藤が始まる。新入りは正気を失いかけ、誰かが泣き始める。いつも必ず」と。

消灯後まもなく一人の新入りがからかわれて泣きわめき出し、それを聞いて駆けつけた刑務主任によって事実上撲殺される。翌朝食堂でアンディはその囚人の死を知り、また自分の配給食の中で蠢くウジ虫を見つけてぎょっとする。彼の様子に気づいたブルックスからその虫を乞われ、彼は恐る恐る手渡す。それを素早く受け取ったブルックスは上着の内ポケットに保護したひな鳥に餌として与えるのであるが、アンディは状況を把握した後もこわばった表情を崩すことはなかった。この気味の悪い場面の一部始終を見て、衝撃を受けた視聴者はきっと少なくないであろう。

その後の獄中生活でアンディはボグズという囚人一派から二年間にわたって性的暴行を受け続ける。この一種の「無法地帯」ともいえる刑務所の中では過去の栄誉や功績は何の役にも立たず、心も体もズタズタに引き裂かれた彼はまさに「ドン底」を味わう。時間の経過とともに彼が次第に自己を確立していくプロセスは追って述べていく。

②まずは行動し、小さな勝利を積み重ねる

入所二年後の一九四九年の春、ナンバープレート工場の屋上で作業をしていたアンディは、刑務主任が兄の資産相続に係る納税について不満を漏らしているのを耳にする。彼は反射的に刑務主任に近づき、非課税のための手続きを自分が代行するのと引き換えに作業中の仲間にビールをご馳走することを求める。一見無鉄砲で衝動的な行動であったが、この一件が彼の刑務所内でのプレゼンスを高めるうえで大きな契機となる。すなわち、勇敢にも刑務主任に近づいた彼はその代行業務を成功裏に実行し、その後も一連の如才ない行動によって他の看守からも囚人たちからも一目置かれる存在となるのである。

またある晩、彼は独房の壁に刻まれたいくつかの名前にふと目を留め、試しに自分の名前の頭文字を彫る。そして壁から床にぽとりと落ちた断片を手に取り、地質学に関する博識をもとに壁の材質や強度について考えを巡らせる。やがて彼はその壁から脱獄用のトンネルを掘り進めることになる。

一九四九年の春の一件後、彼は所長の取り計らいで洗濯係から図書係に配置転換されると、蔵書を増やしたいと所長に訴えるものの却下されてしまう。しかし彼はただでは引き下がらず、所長の許可

を得て、州議会に陳情の手紙を週一回のペースで出し始める。その時点において、それが将来良い結果につながるか否かは不確かであったが、ともかく彼は行動を起こしたのである。そして六年後、その努力は結実する。州議会は彼の熱意に負け、大量の中古図書類と小切手二〇〇ドル分を刑務所に送ってきたのである。この「小さな勝利」は彼を大いに奮い立たせ、さらに陳情の回数を倍増した結果、その四年後にはショーシャンク刑務所の図書室のためだけに年間五〇〇ドルもの州予算を計上させることに成功する。

その傍ら、彼は看守たちの確定申告に加え、所長の不正蓄財をも黙々と手伝う。事の善悪は別として、こうして彼は持ち前の粘り強さと教養、元銀行員としての専門性を存分に活かし、周囲から重宝され、刑務所内で不可欠な存在へと自己の地位を高めていく。

③自己と置かれた状況を冷静に見つめる

前述のとおりアンディはまずは行動し試してもみたが、それと同時に自分と自分の置かれた状況を冷静に分析していた。

彼の独房は建物の一番隅に位置していたが、壁の厚さから小さなロックハンマーでトンネルを掘り終えるのにどれくらいの年数がかかるかについて、穴掘り作業の途中で算出していたと考えられる。さらにトンネルを抜けた後にどのように下水管が敷かれ、その出口がどのように外界につながっているかなど、刑務所全体の構造に関する情報も密かに入手していたと思われる。そして彼は下水管を砕くための大きな石をあらかじめその場所に用意し、雷雨の夜が来るのを待ち、満を持して脱獄に踏み切るのである。

その一方で、彼は脱獄時までに所長の汚職を通じて蓄えられる資産の額、預金の引き出し方、メキシコの目的地への交通手段と所要日数、ホテル経営を開始するために必要な資金など、想定されるありとあらゆる要素を洗い出し、綿密に計算をしていたと考えられる。すなわち彼にとって脱獄とは、自身のめざす「キャリア・チェンジ」を成し遂げるために必ず突破しなければならない関門であり、絶対に失敗の許されない挑戦であった。それゆえに彼は脱獄後のことまでも視野に入れ、冷静な自己分析と状況分析を重ねていたと考えられる。

(2) 他者と意義ある関わりを持つ

① 人間関係を変える

イバーラ(宮田訳、二〇〇三)は、キャリア・チェンジの戦略の一つとして「人間関係を変える。(中略)あんなふうになりたいと思う人や、キャリア・チェンジを手助けしてくれそうな人を見つけだす。だが、そうした人をこれまでの人間関係から探そうと考えてはいけない」と述べている。

アンディの場合、刑務所に投獄されることによってそれまでに築いてきた人間関係はすべて断ち切られてしまった。そして過去に付き合ったこともなく、また一般社会にいれば決して交わることもなかったであろう連中との「共同生活」「共働生活」に否応なく突入する。

入所からひと月が過ぎた頃、アンディは調達屋のレッドに自分から声をかける。彼らは長い時を経てかけがえのない親友同士になるが、アンディはレッドだけでなく一癖も二癖もある他の囚人たちとも仲良くなる。さらに互いに置かれた立場は異なるものの、同じ生身の人間である看守たちとも心を通わせ、彼らの信頼も勝ち獲っていく。

②他者に敬意を払い、他者に尽くす

大野（一九六九）は、働く者が実現すべき自己とは、己の有能さを主張する自己ではなく、むしろより望ましい「職場づくり」に参加する自己であり、「仲間といっしょに、何物かをつくり出そうとするところの自己」であると述べている。また武元（二〇一八）は、転職成功者にみられる特性として「利他の精神、無私の精神」を挙げている。アンディはまさにこれらの自己や精神の体現者であるといえる。

前章では、フランクルが唱えた創造価値、体験価値、態度価値の概念を批判的に検証したうえで発展的解釈を加え、それぞれの価値の実現を通じてアンディは自己完結的な目的だけでなく利他的な目的も達成したと述べた。

既述の点とも重なるが、まず具体的に彼は刑務官及び刑務所長に対して、免税・納税業務を代行するとともに蓄財・殖財を支援した。次に囚人たちのために図書室を拡充し、美しい音楽で彼らの心を潤わせ、高卒資格の取得を望む者に対して教育を施した。その過程において図書係の先

ブルックスの死後、仲間が作った記念プレート「BROOKS HATLEN MEMORIAL LIBRARY（ブルックス・ハトレン記念図書室)」と刻まれている。
（現行のミュージアム内に展示）

輩で仮出所後に自死したブルックスに哀悼の意を表し、彼の名を刻んだ「BROOKS HATLEN MEMORIAL LIBRARY（ブルックス・ハトレン記念図書室）」というプレートを仲間と作り、図書室の天井から吊るした。この最後の行為一つをとっても、アンディがいかに他者に対して思いやりの深い人間であったかを伺い知ることができよう。

また親友のレッドに対しては、チェスの指南を申し出たり、入所三〇年目の仮釈放が却下された際には「残念賞」としてハーモニカを贈ったりした。さらに脱獄後に腰を落ち着ける予定のメキシコの町の名もレッドだけに明かしている。脱獄後、アンディはレッドと交わした約束を果たすためにわざわざバクストンの牧草地まで行き、大きな樫の木の下にレッドへの手紙と紙幣を入れた箱を埋めたのである。そしてレッドに言ったとおり目印となる黒曜石をその上に乗せておくことも忘れなかった。映像にはないが、追手が迫るとも知れない中でアンディはこの一連の作業を手際よく行ったのである。

加えて、アンディは国境を越える直前にテキサス州のフォートハンコックという町からレッド宛てに絵葉書を投函している。その絵葉書には刑務所の住所とレッドの名前だけが書かれ、メッセージ欄は空白であった。それはアンディがレッドと自分を守るために意図したことであったが、唯一消印が越境した地点をレッドに知らせるのである。その絵葉書はレッドに対し、行く手を照らす灯台のような役割を果たしたと考えられる。仮出所後、レッドはブルックスと同じように一般社会への適応にひどく苦しむ過程を辿るのだが、最後は意を決し、仮釈放違反を犯してまでもフォートハンコックをめざし、バスで南下するのである。

最後に、転職成功者に見られる特性の一つである「個人の利益よりも公益を重んじる」（武元、二〇一八）という点について言及する。アンディは自分の小さな利益だけを考えれば、逃走や開業に必要な物だけを携行して脱獄をすればよかった。しかし彼の良心はそれで済ますことを潔しとしなかった。すなわち彼は所長の汚職や刑務主任が犯した殺人の証拠となる帳簿や書類一式をビニール袋に入れ、それを自分の脚に縛り付けて狭い暗がりの中を這い進んだのである。それは文字どおり足手まといであったが、彼にとっては社会正義を貫くうえで不可欠なものであった。翌朝彼はそれらを入れた封筒を訪れた銀行に託し、地元の新聞社へ送ってもらう。これにより刑務所内で隠蔽されていた悪事が白日の下に晒され、偽善者の仮面を被った刑務所幹部は惨めな末路を迎えることになる。

ちなみに本作品の英文原題に含まれる *redemption* という語の原義は第3章で解説したが、その元となる動詞 *redeem* にはまさに「復讐する、借りを返す、代償を払わせる」という意味が包摂されているのである。

③実力の蓄積があれば、味方は集まる

牧野（一九八五）は、キャリア・チェンジに関する「実力」の中身を「専門知識、技能、人脈など」と述べているが、本章ではさらに人間的魅力、すなわち人間としての品位、矜持、礼節、誠実、慈悲、執念、勇気、見識、自己省察力、感受性、先見性など、一人の人間の核を成すともいえる要素も加味して述べていく。

レッドは初めてアンディと言葉を交わした後に次のように言っている。「彼には静かな雰囲気があった。歩き方も話し方も、この辺の普通のやつとは違ったのだ。この世の苦労も心配事もない男が

公園にいるかのように散歩していた。まるで、この場所から自分を隔てる、見えないコートをまとっているように。そう、俺は初めからアンディが気に入ったというのが、正直なところだ」（アルク英語企画開発部編、一九九八）と。

一九四九年の春、ナンバープレート工場の屋上を塗り替えるにあたり、刑務所長はその作業への志願者一二名を募る。見かけ上は抽選が行われたが、レッドはタバコで看守を買収し、アンディと自分を含む仲間を選んでもらうことに成功する。この作業中に起きた出来事がアンディに対する周囲の見方を変える大きな契機となったことはすでに何度も述べたとおりである。しかしここで重要な点はそもそも彼がレッドに認められ、一二名の中に入れてもらえたということである。初めて言葉を交わして以来、レッドはアンディを観察し続けていた。アンディはボグズたちから力ずくで犯される時もあれば、撃退する時もあったが、そんな彼の戦う姿を見て、おそらくレッドは彼に人間としての芯の強さや高潔さを感じ取っていたにちがいない。ゆえに彼を信用し、仲間として受け入れ、その作業のメンバーに加えたのだと考えられる。

そして刑務主任の免税手続きを代行して以降、アンディは囚人たちのみならず刑務所側の人間も味方につけていく。まず新たなに味方になった刑務主任がアンディの敵であるボグズを叩きのめし、刑務所外へと葬り去る。さらに自分の独房に女優のポスターを貼ることを所長から例外的に認めてもらう。独房の中で彼が所長と初めて向き合い、聖書の一節を相互に暗誦する場面は緊張感に満ちたものであるが、もしこの時にポスターを貼ることを許されていなければ、脱獄用の穴を掘ることも隠すこともできず、その後のキャリア・チェンジを果たすこともできなかったであろうことは明白である。

その所長との面会後、洗濯係から図書係に格上げされ、活動の自由度の広がったアンディは、陳情の結果、州議会をも味方につけるなどして、刑務所内で揺るがぬ地歩を固めていく。この過程において、彼が次々と成し得た「広範で持続性のある利他的行為」については、本映画の独創性の一つとして第1章で述べたとおりである。

(3) 視野を広げ自己を律する

① 自分の人生は、自分で演出せよ

アンディが自分の人生を自分で演出していこうとするさまは本作品全体を通じて静かなトーンで描かれている。しかし普段は抑制している感情を彼が表に出す場面が二つある。

一つは、新たに入所してきたトミーから自分の冤罪を晴らす手がかりとなる話を聞き、所長に再審請求の手続きをしたいと直訴する場面である。所長はその話が真実であることに気づきながらもとぼけて一笑に付すが、その反応に対しアンディは「どうしてそんなに愚鈍なんだ（How can you be so obtuse?）」（アルク英語企画開発部編、一九九八）と言う。これに激怒した所長はその場で彼に一カ月の（その後さらに一カ月延びる）懲罰房入りを命じる。彼は刑務官たちに抱えられ所長室から連れ出されるのだが、その際に正当な権利と機会を踏みにじられた悔しさから「俺の人生なんだぞ！（It's my life!）」（著者訳）と何度も叫ぶ。

このシーンはアンディが自分の人生を決して投げ出しておらず、自分の人生の主役はあくまでも自分自身であるとの熱情を保持していることを示しているといえよう。彼はそれまで従順に刑に服する

とともに、余りあるほどの貢献を刑務所長らにしてきた。その一方で彼は、レッドの言う「施設慣れ」の精神状態に陥ることもなかったのである。

もう一つは、懲罰房から解放されたアンディがレッドと並んで中庭で腰を下ろして話をする場面である。アンディはここから出られたらジワタネホというメキシコの町でホテルを開きたいと語り、仕事の相棒としてレッドを誘う。しかしレッドはそんなものは夢想に過ぎないと否定する。アンディは今まさに自分たちが刑務所の中にいるという苛酷な現実を受け止めつつ、選択肢は二つしかないと憤怒の形相で告げる。そして「必死に生きるか、必死に死ぬか（Get busy living or get busy dying.）」と言って決然と立ち上がる。「必死に死ぬか」は「生ける屍となるか」あるいは「死に囚われて生きるか」と訳すこともできるであろう。いずれにせよこの言葉を発する前にレッドに語ったとおり、彼は逆境にあってキャリア・チェンジの最終像を明確に思い描き、自分の人生を自分で演出するための準備を陰で必死に行っていたのである。

②心に「遊び」をもって孤独と付き合う

初めてアンディと話した後、彼の歩き方や話し方などの所作を「この場所から自分を隔てる、見えないコートをまとっているように」とレッドが形容したことは先に述べた。この点に関しては前章でもフランクルの言葉を引用し、繊細で感受性の強いアンディには「おぞましい世界から遠ざかり、精神の自由の国、豊かな内面へと立ちもどる道」が開かれていたことを指摘した。

アンディは鉱物や岩石に関心があり、手先も器用であったことから、石を研磨して置物やチェスの駒を作り、休憩時間にはレッドとチェッカーの対局を楽しんでいた。そして純粋な好奇心から独房の壁に自分の名前を刻んでみたことから穴掘り、すなわち脱獄の着想を得る。また独房の壁に貼ったポスターを時折眺めてはその向こうに広がる自由な世界に思いを馳せていたと思われる。彼は結局、服役中に二度ポスターを貼り換え、計三枚のポスターを鑑賞していたことになる。さらに彼は読書や音楽を愛するがゆえに図書室を整備・拡充し、そこで囚人たちを教育することにも生きる意味を見出していたと考えられる。加えて、穴掘り作業から生じる石屑を人知れず運動場で捨てることも気晴らしにしていた。こうした彼の童心と遊び心、そして文化や芸術をこよなく愛する心は、自分だけでなく他の囚人たちにとっても、とかく単調で退屈になりがちな刑務所内の生活に変化や活力を与え、彩りを添えていたと思われる。

彼は自分と他者の心を刺激し、時に場を和ませるユーモアとウィットのセンスも有していた。少なくともそれは次のような言動から読み取ることができる。

一つ目は、初めて所長と向き合った彼が、好きな聖書の一節を聞かれ、「起きてなさい。いつ主が戻るか分からない」と即答する場面である。これは抜き打ちで彼の独房を訪れた所長に対する絶妙の皮肉であった。さらに所長の諳んじた一節に対し、即座に「ヨハネ伝八章一二節」と言い当てる。このとき所長は表情ひとつ変えなかったが、内心ではアンディの博識に度肝を抜かれていたと思われる。

二つ目は、図書室の書架に本を戻す作業をしながらレッドと二人きりで話をする場面である。アンディは所長の不正蓄財のからくりを説明した後、自分は外にいた時は真面目だったのに、刑務所に入ってから悪党になったと言ってレッドを笑わせる。

三つ目は、アンディが仲間と共に新入りのトミーと食堂で話していた時に、彼から投獄理由を問われ、見事に切り返した場面である。トミーの質問は一瞬その場を凍りつかせたが、アンディは「弁護士にぶち込まれたのさ。ここじゃみんな無実だ。知らなかったのかい？」（著者訳）と、以前レッドに教わった言葉を受け売りし、皆とトミーを笑わせるのである。

四つ目は、仮出所したレッドが郊外の牧草地を訪れ、アンディが約束どおり大きな樫の木の下に埋めておいたものを見つけ、その中にあった手紙を読む場面である。アンディはレッドにジワタネホに来るよう誘うのだが、「チェス盤も用意した」との文言を読んだ時、レッドの口元が思わずゆるむ。レッドはアンディの誠実で真剣な手紙の中にも心温まるウィットをきっと感じ取ったのであろう。

③自分の力を信じる

ロシアの作家・ゴーリキーは二〇世紀初頭に発表した戯曲『どん底』（安達訳、二〇一九）の中で、貧民窟であえぐ登場人物たちに次のように語らせている。「大事なのは才能だ。（中略）才能ってのはな、自分を信じることなんだ、自分の力を信じることなんだよ」「人間はどんなことでも自分の裁量で選ぶんだ。（中略）人間はすべてを自分で選び取り、自分でその代償を払うんだ。だから、人間は自由だ！」と。

これらの言葉はアンディの生きる姿勢や態度と符合している。すなわち彼は長年掘り進めてきたトンネルがいつ発覚するかもわからない状況にあって、その不安に押しつぶされることなく、必ず脱獄できると固く信じていたと思われる。彼は他人と比べることなく、自分が為すべきことを黙々と実践した。先に述べたように彼には幅広い知識や深い専門性があったが、何にもまして「自分を信じる」という卓越した才能があったと考えられる。それゆえにキャリア・チェンジを成功させることができたのである。

また既述のとおり彼は刑務所の敷地内で下水管がどのように張り巡らされているかについては把握していたかもしれないが、その最終出口がどのようになっているかについては知らなかった可能性がある。映画にはないが、小説では暗闇の中でアンディが長い下水管を這い進んだ後、その突き当たりに太い針金の網が張ってあったとしたら、と仮定の話をレッドがするくだりがある。つまり、諸々の制約下にあってリスクを完全に除去することは不可能であり、おそらく現実社会でも多くの転職者やキャリア・チェンジ経験者がそうしてきたように、アンディもまた未知のリスクの存在にかすかな不安を覚えつつも、自己の勘や強運に賭けたのではないか。言い換えれば、彼は成功者であったが、それ以前に危険に対して結果責任を負うリスクテイカー（risk taker）だったのである。

④時を読み、時を待ち、時を作り、時をつかむ

入獄当初の二年間、アンディはボグズたちから日常的に暴行を受け、生傷の絶えない生活を送っていた。もしそれが続いていたら彼は廃人同然になっていただろうとレッドは述懐している。一九四九年春の一件以降、彼の所内での待遇は改善されるが、終身刑二回分で服役中の彼にとって仮出所できる望みは限りなく薄かったと考えられる。しかしそうした状況にあっても彼は自暴自棄に陥ることなく淡々と、そして時に嬉々として仕事をこなしていた。

一九五七年にノーベル文学賞を受賞したアルベール・カミュは、小説『ペスト』(宮崎訳、一九六九)の中で、人間が想像を絶するような困難と戦う唯一の方法は「誠実さ」すなわち「自分の職務をよく果すこと」であると主人公に語らせ、さらに「絶望に慣れることは絶望そのものよりもさらに悪い」「希望なくして心の平和はない」と書かせている。第二次大戦後まもない一九四七年に出版された同書は、感染症という形を借りて戦争という集団的不条理を描いた作品であるとも言われている。しかし、これらの言葉は集団の構成員である個人にも、いや個人にこそむしろよく当てはまるものであり、アンディはまさにその体現者であったといえるであろう。

ロックハンマーで初めて壁を削った彼は脱獄するための穴を掘り終えるのに何年かかるかを冷徹に計算する。それは気の遠くなるほど長い時間であったが、彼は一九年の歳月を無為に過ごすことなく、むしろ時を味方につけながら水面下で準備を進めていく。彼は所長に利用されているふりをしながら巧みに所長を利用する。すなわち、万一所内の不正が発覚しても所長が捕まらないよう、身代わりとなるランドール・スティーブンスという架空の人物を書類上に作り出し、その人物の名義で殖財をしていく。一方で、それらの書類にはすべてアンディがサインをしていた。つまりその裏には脱獄後は自分がその人物に成り代わり、その財産を我が物として生きていくというしたたかな計算があったのである。このようにして彼は刑務所という施設にも絶望にも決して慣れることなく、静かに時を読み、時を待ち、時を作っていった。

作品後半に挿入されるレッドの「トミーの死で脱獄を決意したのだろう」というナレーションについては、若干の補完的解釈が必要であろう。確かにトミーが殺され、再審請求のチャンスを完全に潰されたこともアンディが脱獄を決意する要因の一つにはなっただろうが、すでにその時点で潤沢な蓄えが積み上がったと彼は考えていたのではないだろうか。つまり、スティーブンス氏の銀行口座には、脱獄後の逃走費用とメキシコでの開業資金に足る十分な財が形成されており、そのことが彼の背中を押し、脱獄に踏み切る決意を促したのではないかと考えられるのである。

彼は雷鳴が轟き、雷雨が降りしきる夜が来るのを我慢強く待ち、その日時を正確に予期し、そしてその時を逃さなかった。彼は事前に用意した大きな石で下水管を砕き、その中を這い進んで外界へと抜け出す。こうして彼は一九年に及ぶ雌伏の時を経て、最後は天をも味方につけ、音も匂いも足跡までもかき消してショーシャンクの町から立ち去るのである。

このことは、キャリア・チェンジに際しては、先を読み、忍耐強く、そして周到かつ慎重に行動する者ほど結果的に大胆な飛躍を遂げられることを示唆しているともいえる。

むすび

本映画の主人公アンディは、それまでの華麗な人生とは全く異なる刑務所という陰惨な環境に放り込まれ、苛酷な労役に従事しながら、そこで新たに必要とされる知識やスキル、慣行を一から学んでいった。獄中生活は自己の意に反した「著しい変化」であり、嫌がらせを超越した肉体的暴行を受けることも幾度となくあったが、彼は自身の不運や不遇に打ちのめされることなく、小さな勝利を積み重ね、周囲の信頼を勝ち獲っていく。そして長年かけて自らが掘ったトンネルをくぐり抜けて脱獄を果たし、異国の地でホテル経営という新しいビジネスを手がけるに至る。それもまた「著しい変化」となるであろうが、それまで彼が発揮してきた能力やスキルを踏まえれば、親友のレッドと力を合わせて乗り越えていくことは想像に難くない。

以上から、本作品をネガティブとポジティブの両方の労働環境の往環に係る「キャリア・チェンジ・ストーリー」と捉えることは十分に可能であると考えられる。また前節で縷々確認されたとおり、彼はその過程においても結末においても多様な価値を幾重にも実現したことから、キャリア・チェンジの成功者とみなすことができるであろう。

さらに既存文献や先行研究で明らかにされた成功者に共通する資質や行動特性、戦略などを個々のシーンに即して吟味した結果、それらすべてを彼が具備・具現化していることも確認された。よって彼はキャリア・チェンジを成功させるための要素を余す所なく発揮したといえるであろう。

一般に「学問に王道なし」と言われるように、キャリア・チェンジにも王道はないと思われる。もし多少なりともそれらしきものがあるとすれば、明確なビジョンを思い描き、人知れず地道な準備と努力を重ねることなのかもしれない。それは言葉としては一見凡庸であるが、成功する保証がない中で己心の葛藤を律しつつ、その凡庸なことを長期にわたってやり続け、そしてやり遂げることは間違いなく非凡であろう。本作品の主人公はそれを不自由な刑務所の中で実践したのである。

他方、舞台設定は一つの譬えであり、逆境の中で希望を失わず懸命に生きる彼の姿が観る者の多くに深い共感をもたらすことが本作品の高評価につながっていると考えられる。彼はいわば厳しい現実社会に生きる我々自身の投影なのである。刑務所という華々しさとは無縁の場所を舞台とした本作品が、公開後数十年を経てなお多くの感動を世界中の人々に与え続けていることは、主人公の生き方とも重なって、本作品の非凡さを物語っているかのようである。

第７章

『ショーシャンクの空に』の主人公にみるレジリエンス

――漫画『鬼滅の刃』の主人公との対比を通じて――

大きな樫の木のあった牧草地（私有地につき立入禁止）
2011年と2016年の強風でなぎ倒され、今はもうない。

保存されている大きな樫の木の一部
中ほどに折れた木の写真と公開25周年の記念品が
置かれている。（Bill Mullen氏所蔵）

1　「レジリエンス」という視点

第4章ではカッツが唱えた三つの基本スキル（技術的スキル、対人的スキル、概念化スキル）の視点から主人公アンディの魅力を解き明かした。続く第5章ではフランクルが唱えた三つの価値（創造価値、体験価値、態度価値）の視点からアンディという一人の人間が実現したものとは何かについて述べた。これらの作業を通じて彼の人間的魅力の一端は明らかになったが、無尽蔵ともいえる彼の魅力に関しては、引き続き検討を進める余地は大きいと考えられる。

そこでこの章では、これまでの論考では用いてこなかった「レジリエンス」という心理学の概念を導入し、その新たな視点からアンディという人物の実像に迫ることにしたい。言い換えれば、次節で説明する「レジリエンス」という力を彼がどのように保有・発揮していたかを分析し解明することが本章の目的である。この目的達成のため、レジリエンスの各構成要素に沿って彼の言動をつぶさに分析していく。

加えて、その分析の幅を広げまた奥行きを深めるため、漫画『鬼滅の刃』の主人公・竈門炭治郎の資質や姿勢と対比しながら考察を進める。一方は映画、他方は漫画と表現媒体は異なるものの、あえて後者と対比する理由は、両作品の主人公には意外な共通点が少なからず見受けられるからである。

2　「レジリエンス」の定義

「レジリエンス（resilience）」は、物理学用語としては「弾力性」（北村、二〇一四）、「強靭性」（鎌谷ら、二〇一九）などと和訳され、心理学用語としては「回復力」（野口、二〇一九）、「再起力」（ハーバード・ビジネス・レビュー編集部編、二〇一九；井島、二〇二一）などと和訳されている。アンディは物理的・肉体的な強靭さは持ち合わせていないことから、ここでは心理学的な意味でこの用語を使うこととする。なお、レジリエンスの具体的な定義や説明には次のようなものがある。

- 困難または脅威に晒された状況にあって、それらにうまく対処するプロセス、能力、またはその結果（Masten, et al., 1990）。
- 人の心と魂に深く刻み込まれた反射性で、世界を直視し理解する行動様式。レジリエンスのある人や企業は確固として現実と向き合い、絶望して悲嘆することなく、むしろ困難に意味を見出し、何もない状態から解決策を考え出す（Coutu, 2002）。
- 人生の逆境に打ちのめされた人がそれまで以上に強くなって再起する精神的資質（Psychology Today, 2022）。

以上を踏まえたうえで、本章ではレジリエンスを「理不尽とさえ思える逆境にも屈することなく、自他ともに利する成果を生み出しながらより強くなって再起する能力」と定義することとする。

なお、Reivich & Shatté（2002）はレジリエンスを構成する要素または能力として、「感情調整力（Emotion Regulation）」「衝動制御力（Impulse Control）」「原因分析力（Causal Analysis）」「楽観力（Optimism）」「自己効力感」（Self-efficacy）」「共感力（Empathy）」「働きかける力（Reaching Out）」の七つを挙げている。両研究者はその著書の中でこれとは異なる順番で各項目を並べているが、ここではこれらを具体的な着眼点としつつ、右に掲げた順番で考察を進めていくことにする。そのほうが話の流れとしてはわかりやすいと考えるためである。

3　『鬼滅の刃』の基本情報とあらすじ

『鬼滅の刃』は吾峠呼世晴によって構想・作画され、二〇一六年二月から二〇二〇年五月まで雑誌『週刊少年ジャンプ』に連載された漫画である。全二〇五話から構成され、単行本としては全二三巻が発売されている。

オリコン株式会社が発表した二〇二一年上半期のコミックランキングによれば、最終巻は期間内売上四九八・三万部を記録し、第一位を獲得した。期間内売上が四〇〇万部を超えたのは同ランキング史上初の快挙であった。また株式会社TORICOが運営するウエブサイト「漫画全巻ドットコム」内の歴代発行部数ランキング（二〇二三年一月末時点）においても、同漫画は最終巻刊行後あまり時間を経ていないにもかかわらず、第八位にまで昇りつめている。

この作品の舞台は日本で、時代設定は大正時代である。主人公は竈門炭治郎という少年である。山中に住む彼はある冬の日に町まで炭を売りに行くのだが、翌日家に戻った時には母親と弟妹たちが人喰い鬼に惨殺されていた。しかし妹の一人の禰豆子だけは鬼に姿を変えさせられながらも生きていた。残された炭治郎は禰豆子を人間に戻すため、また鬼を退治するため、「鬼殺隊」という政府非公認の組織に入り、剣士として修行を重ねていく。その過程において同期生や先輩剣士、刀鍛冶、後方支援部隊の仲間などとも心を通わせていく。その中には鬼との戦いで命を落とす者もいたが、彼らの団結と奮闘により、最終的に鬼は跡形もなく滅び、禰豆子も人間に戻る。そして再び平和な日々を取り戻す。今の日本に鬼がいないのは彼らのおかげである。

４　両作品と主人公の共通点・特徴

表７-１は両作品と主人公の特徴を整理したものである。

表中に示したとおり、両作品にはいくつかの相違点はあるものの、次のような共通点があることもまた確かである。本章では、このうちレジリエンス（再起力）を中心に据え、その構成要素の中身を次節で逐一確認していく。

・身に降りかかった突然の不運と悲劇
・落胆と絶望
・己の無力さの痛感

表7－1　両作品と主人公の特徴

		ショーシャンクの空に（映画）	鬼滅の刃（漫画）
作品	舞台	米国	日本
	時代	1940年代後半から1960年代後半まで	大正時代（1912～1926年）
	物語の発端	冤罪（第三者による妻と間男の銃殺）	鬼による家族の惨殺
	超常現象の有無	なし	あり（人喰い鬼の存在）
主人公	年齢	30代から50代へ	少年
	婚姻	既婚（死別）	未婚
	家族	妻のみ	母、弟妹（長男である主人公を含む６人）
	専門性・特技	税務・会計経理・殖財に精通	鋭敏な嗅覚を持つ
	教養・世間知	豊富	少ない
	肉体	ひ弱	鍛錬により俊敏化・強靭化
	趣味	石磨き、チェス、音楽鑑賞	なし（描かれていない）
	師の存在	なし	あり（鱗滝左近次、産屋敷耀哉）
	仲間の存在	あり	あり
	自分自身の鼓舞	なし（描かれていない）	あり（多数）
	許さない相手（悪）	刑務所長、刑務主任、ボグズという囚人	鬼（特に鬼舞辻無惨）
	取り戻すもの	自由の身、親友（レッド）	平和な世の中、人間の妹（禰豆子）

出所）著者作成。

・恐怖や死と背中合わせの日常
・執念と目的意識の堅持
・レジリエンス（再起力）
・集団内における自己アイデンティティの確立
・他者との触れ合いと他者への貢献
・悪の存在と正義感に基づく懲悪

5　レジリエンスの構成要素からの考察

ここでは、先に述べたReivich & Shatté（2002）によるレジリエンスの七つの構成要素（能力）を「感情調整力」「衝動制御力」「原因分析力」「楽観力」「自己効力感」「共感力」「働きかける力」の順に取り上げ、両作品内に描かれた様々な場面を各項目に即して振り返りながら考察を進めることとする。

（1）感情調整力（Emotion Regulation）

感情調整力とは、プレッシャーの下でも冷静さを保つ能力のことである（Reivich & Shatté, 2002）。それは、自分の感情が暴走・暴発しないよう、また取り返しがつかない過ちを犯さないよう上手に感情を調整する能力といえる。

①『ショーシャンクの空に』

冒頭の法廷のシーンで、殺人容疑をかけられたアンディは地方検事からの執拗な尋問に対し静かに受け答えをする。結果的に彼は判事や陪審員の心証を覆すことができず、非情にも終身刑を言い渡される。しかしこの時、彼は大きな声を出すことも取り乱すこともなかった（少なくともそのようなシーンは映っていない）。

彼がショーシャンク刑務所に収監された日の夜、レッドの声で「最初の夜が一番つらい」「新入りは正気を失いかけ、誰かが泣き始める。いつも必ず」というナレーションが入る。案の定、一人の新入りが泣き出し、それを聞きつけた刑務官らによって独房の外に引っ張り出され、激しく殴打される（翌朝までにその囚人は死亡する）。この一部始終はアンディにも聞こえていたはずであったが、彼は物音一つ立てることはなかった。

この事例はアンディが優れた感情調整力の持ち主であることを示しているといえよう。冤罪で人生を一変させられた彼は絶望し、悲嘆に暮れていたにもかかわらず、そのような姿を他人に見せることは一切なかったのである。

本作品全体を通じてアンディは思慮深く、どちらかといえば寡黙な人物として描かれているが、その彼が感情を高ぶらせ、激昂する場面がある。それは、妻と間男を銃殺した真犯人の目星がつき、刑務所長に再審請求を要望したものの一笑に付された時のことである。彼は所長のあまりの愚鈍さに腹を立てて暴言を吐き、これに激怒した所長は彼を懲罰房に入れるよう看守に命じる。所長室から連れ出される際に彼は「俺の人生なんだぞ！」（著者訳）と何度も叫ぶ。

一面では彼のこの言動を感情調整力の欠如とみなすことができるかもしれない。しかしこの時に彼が見せた憤怒の表出は所長を怯えさせ、ほどなくして所長を殺人の命令者へと駆り立たせ、結果的に自らの悪行に対し自ら手を下さざるを得ない状況へと追い込むことになる。よってアンディのこの憤怒はむしろ極めて全うな感情の表出であり、「義憤」ともいうべきものであったといえよう。

②『鬼滅の刃』

物語の冒頭で突然家族を失い、妹の一人（禰豆子）を鬼にさせられた炭治郎は、悲しみに打ちひしがれていた。しかしそこに現れた鬼殺隊の隊士・冨岡義勇は彼に対し次の言葉をかける。「怒れ　許せないという強く純粋な怒りは　手足を動かすための揺るぎない原動力になる」（第1話）と。

その後、炭治郎は修行と戦闘を繰り返す中で成長し、ある鬼との戦いの最中にあって「落ち着け　感情的になるな　集中しろ　呼吸を整え　最も精度が高い最後の型を繰り出せ」（第39話）と心の中で唱える。また後半で鬼の始祖である鬼舞辻無惨と対峙した時は「生き物に対してこれ程冷たい気持ちになったのは　腹の底まで厭悪が渦を巻いたのは初めてだ」（第182話）と胸中で唱え、戦いを挑む。倒す対象は人間ではなく鬼という異質な生き物ではあるが、アンディと同じく炭治郎もまた「悪」に対し、強い「義憤」の炎を燃やし続けていたと考えられる。

（2）衝動制御力（Impulse Control）

『広辞苑』（新村編、二〇一八）によれば、衝動とは「反省や抑制なしに人を行動におもむかせる心の動き」である。ここから衝動制御力とは、無意識の本能に起因する発作的な行動を理性で制御する力であると解釈できるであろう。

①『ショーシャンクの空に』

妻と間男が密会中に銃殺された日の夜、アンディは銃を携帯して車を運転し、間男の家の前まで行っていた。彼は酒に酔っていたが、二人を脅かそうとしただけで実際には何もせず、銃の引き金も引いていないと証言している。それが真実であったことは物語の後半で明らかになるが、このことは最愛の妻が不貞を働いている時でさえ、なお彼は自分の衝動を制御することができていたことを示している。脱獄前にレッドと交わした会話の中で、彼は自分がどれほど妻を愛し、妻との思い出を大切にしてきたかを語る場面があるが、彼はそんな妻の裏切り行為を目の当たりにしても、衝動的に蛮行に及ぶことはなかったのである。

その他、彼の衝動制御力の一端を示す事例を二点ほど紹介する。一つ目は、映写室でボグズら一派から性的暴行を加えられそうになった時のことである。アイスピックのようなものをちらつかせて恥辱的行為をするよう命じるボグズに対し、アンディはもしそれを自分の耳に突き刺したら、反射的に凄い力で噛みちぎることになると応じる。これに怯んだボグズがどこでそれを知ったんだと聞くと、アンディは「本で読んだ。お前も読んでみろ」とまるで自分が主導権を握っているかのように答える。結果的にボグズはその行為の強要を諦め、彼を痛めつけることしかできなかった。このように彼は死に至るような恐怖に直面しても、咄嗟に安易な道を選ぶようなことはなかったのである。

二つ目は、図書室で高卒資格試験を受けたトミーが自らの不出来に腹を立て、終了直後に答案用紙を丸めてゴミ箱に投げ入れた時のことである。アンディはタイムキーパーを務めていたが、実はそれまでの一年間、トミーに対し献身的に学問を教授していた。そんなアンディに対し、トミーは無礼な態度を取り、蹴散らすように出て行った。ところがアンディは顔色一つ変えずに黙ってしわくちゃの答案用紙をゴミ箱から拾い上げたのである。すなわちアンディはトミーの衝動的行動に刺激されることなく、あくまでも自分が為すべきことを淡々と為すのであった。そして後日、トミーは合格するのである。

②『鬼滅の刃』

前出の冨岡は鬼へと化した禰豆子に炭治郎が襲われているところへ助けに入る。禰豆子の首を刎ねようとする冨岡に対し、炭治郎は人間に戻すので妹を殺さないようひれ伏して懇願する。反射的にこのような無防備な行動をとった炭治郎に対し、冨岡は「生殺与奪の権を他人に握らせるな!!　惨めったらしくうずくまるのはやめろ!!　そんなことが通用するならお前の家族は殺されていない」（第1話）と一喝する。

当初の炭治郎の衝動制御力はその程度のものであったが、修羅場をくぐる中で次第に高められていく。そして無惨との最後の戦いの中では、「集中しろ　今この瞬間の一秒以外考えるな」「一秒を繋げ夜明けまでの一秒を繰り返せ」（第193話）と自分に言い聞かせる。さらにその死闘の真っただ中で、「どんな一撃でもいいから放て　無惨を削れ　頼む　動いてくれ俺の体」（第198話）と、戦い全体の中に占める一秒一秒、一撃一撃の持つ意味を的確に把握し、自らを制御するほどまでに成長する。

（3）原因分析力（Causal Analysis）

原因分析力とは、現在を一つの結果と捉え、過去にどのような原因があったのかを分析する力であるといえる。しかし本章ではさらに踏み込んで、「未来の望ましい状態を結果として想定した場合、今どのような原因を作るべきかを分析する力」であるとの見解を加えて考えてみたい。やや野心的な試みかもしれないが、この考え方は13世紀の法華経の行者・日蓮が経典を引いて説いた「過去の因を知らんと欲せば其の現在の果を見よ未来の果を知らんと欲せば其の現在の因を見よ」（堀編、一九五二）との文言と軌を一にするものである。これを現代風にいえば、「過去の原因を知りたければその現在の結果を見よ、未来の結果を知りたければその現在の原因を見よ」となるであろう。

①『ショーシャンクの空に』

アンディは原因分析力に関する二つの素養を持っていたと考えられる。まず彼が過去の出来事の原因を分析・反省し、修正していたことを示す事例として、一九四九年春に彼が発した短い言葉を紹介したい。彼は刑務主任と交渉して仲間にビールをご馳走してもらうことに成功する。囚人たちは作業を中断し、屋上で気持ち良さそうにビールを飲むのだが、アンディは独り離れて座り彼らを優しく見つめる。一人の囚人がビールを持ってアンディにも勧めに行くのだが、彼は「酒はやめたんだ」と言って断る。おそらく彼はかつて自分が酩酊していたことが原因で事件当夜のことを正確に法廷で証言できなかったことを悔い，断酒していたのだと考えられる。

次に未来の結果を思い描き，そこから逆算して原因を服役中の「今」に作った事例を紹介する。ある晩アンディは独房の壁に刻まれたいくつかの文字を見つけ，試しにそこに自分の名も刻んでみたところ，壁の材質が意外と脆く柔らかいことを知る。地質学に精通する彼はトンネルを掘ることを思いつき，その穴を隠すためのポスターの調達をレッドに依頼する。この時点で彼が脱獄を遠謀していたかどうかは定かではないが，まずは掘ってみようという意志があったことは間違いないであろう。この小さなきっかけが将来の大きな結果をもたらす原因となるのだが，彼はその原因を人知れず大切に育てていったのである。

以上，彼は過去の原因を分析して軌道修正するとともに，未来に実現されるべき望ましい状態（結果）を想定し，今何をすべきか（原因）を理解していた。そしてその原因を着実に作り，積み上げていったのである。

②『鬼滅の刃』

アンディが成人であるのに対し炭治郎は子どもであり，前者ほどの教養や世間知を持ち合わせていない。山の中で暮らしていた素朴な少年が原因分析力を身につけていくのは，剣士としての修行と鬼との戦いを通じてである。炭治郎は鬼を倒す方法を懸命に考える。作中には思考や分析に関する言葉が何度も出てくるが，例として次のようなものが挙げられる。

「気合いだけではどうにもならない　頭だ!!　気合いと共に頭も使うんだ」（第25話），「考えろ考え

ろ　自分にできる最大のこと」（第90話）、「絶対に諦めるな　考え続けることだ　どんな壁もいつか打ち破る　弛まぬ努力で」（第151話）。
次から次へと登場する鬼にはそれぞれに強みと弱みがあり、炭治郎を含む鬼殺隊の隊士たちは必死になって個々の鬼の弱点、すなわちこちらが勝つために必要な要因と原因を見つけ出し、攻撃を加えるのである。

（4）楽観力（Optimism）

Reivich & Shatté（2002）は「レジリエンスのある人たちは楽観的である。彼らは物事が良い方へと変わると信じている。彼らは未来へ希望を持っており、自分の人生の方向をコントロールできると信じている」と述べている。
「楽観力」と次項の「自己効力感」は共に似ているが微妙に異なる。前者は、物事全般や自分の力が及ばないことも好転すると信じて疑わない力であるといえる。これに対して後者は、自分に関わる問題を自分の力でうまく扱い、必ず解決していけるという信念であると捉えられよう。

①『ショーシャンクの空に』

冤罪という不運な目に遭い、さらに暴力と腐敗、理不尽の巣食うショーシャンク刑務所に投獄されても、アンディは決して希望を失わなかった。

刑務所図書室を拡充するため、州議会に陳情の手紙を書き続ければ、いつか先方は折れて支援してくれると彼は信じていた。またトンネルを掘り続ければ、いつか必ず外の世界に出られるとの希望を抱いていた。そしてジワタネホに行き、そこでホテルを開業することを楽しみにしていた。また地元新聞社に刑務所長の不正を証明する帳簿等一式を送付すれば、司法当局が捜査に乗り出すことを確信していた。さらにレッドが仮釈放された時には、必ずバクストンに行って自分の手紙を見つけ、メキシコまで訪ねて来てくれると信じていたのである。

このように彼には明確な目標と強い意志に支えられた揺るぎない楽観力が備わっていたといえる。それは安易な「他力本願」に根ざしたものではなく、「人事を尽くして天命を待つ」という考えに近いものであったと思われる。

②『鬼滅の刃』

炭治郎は素直で楽観的な少年である。炭を担いで山から町へと下りる途中で、彼は「生活は楽じゃないけど幸せだな　でも人生には空模様があるからな　移ろって動いていく　ずっと晴れ続けることはないしずっと雪が降り続けることもない」（第１話）と独り言を言う。

また自分の先祖が作った訓練用の絡繰人形を鬼殺隊の隊士・時透無一郎に壊されてしまい、泣いている少年に対しては、「君には未来がある　十年後二十年後の自分のためにも今頑張らないと　今できないこともいつかできるようになるから」（第１０３話）と言って励ます。

さらに同期入隊の我妻善逸に対しては、鬼との戦いを振り返り、「人と人との繋がりが窮地を救ってくれることもあるから　柱稽古で学んだことは全部きっと良い未来に繋がっていくと思うよ」（第

130話）と語る。また自信を失い沈んでいる仲間の不死川玄弥に対しては、「一番弱い人が一番可能性を持ってるんだよ（中略）警戒の壁が薄いんだよ　だからその弱い人が予想外の動きで壁を打ち破れたら一気に風向きが変わる　勝利への活路が開く」（第172話）と激励している。このように炭治郎もまた常に物事をポジティブな方向へと考える思考的習性があったと理解される。

（5）自己効力感（Self-efficacy）

先に述べたとおり、自己効力感とは、自分に関わる問題を自分の力でうまく扱い、必ず解決していけるという感覚であり信念であると考えられる。

①『ショーシャンクの空に』

明示されてはいないが、アンディはトンネルを掘り進めるにしたがって、脱獄後にどのように逃走し、どの地に落ち着き、そこで何をして生計を立てるかということについても考えを巡らせていたと思われる。その過程において、彼は刑務所長の汚職が万一発覚しても、所長が捕まらないようランドール・スティーブンスという架空の人物を書類上に作り出し、この人物の名義で殖財をしていく。

一九六五年にトミーらの新入りを乗せた囚人護送車が刑務所に到着した時、アンディはレッドと中庭の片隅でチェッカーをしていた。この時アンディは、所長に利用されている自分を「私は結局奴の奴隷さ」と言って自嘲する。しかし、前述のスティーブンス氏の書類や証券のサインは所長ではなくすべてアンディがしていた。つまり、彼は身は所長に支配されてはいたものの心はそうではなく、またその資産も彼が完全に掌握していたのである。実際のところ、アンディの署名なしにはスティーブンス氏の資産は一セントたりとも動かすことはできなかった。税務・会計経理・資産運用は彼の傑出した専門分野であり、獄中の身でありながらも他者の追随や介入を許さず、まさに彼の独壇場であった。それに加え、彼は所長の弱みを握り、かつ資産も自分の意のままに操ることができていたことから、必ずや脱獄も成し遂げられるという確信があったものと考えられる。

彼の唯一の不安は、はたして誰にも気づかれずに脱獄決行の日を迎えられるだろうかという点だったのかもしれない。長年その不安に苛まれ、独り格闘しながらも、彼は持ち前の自己効力感でもってそれをねじ伏せていたものと考えられる。

②『鬼滅の刃』

ごく普通の少年だった炭治郎は特段高い自己効力感を備えているわけではなかった。しかし彼の場合、自分自身を叱咤激励しながら鬼と戦い、勝つことによって自信を深め、徐々に自己効力感を高めていったと考えられる。初めて鬼に勝った時、彼は「斬れた　鬼に勝てた　強くなってる　鍛錬は無駄じゃなかった　ちゃんと身についた」（第６話）と感慨深げに語る。

その後の鬼との戦いの中でも、「頑張れ　炭治郎頑張れ!!　俺は今までよくやってきた!!　俺はできる奴だ!!（中略）俺が挫けることは絶対に無い!!」（第24話）、「俺はやれる!!　絶対やれる!!　成し遂げる男だ」（第25話）と、己に鞭を打ち続ける。そして初めて無惨と本格的に相対した時、彼は「地獄に行くのはお前だ無惨　絶対に逃さない　必ず倒す」（第１３９話）と叫ぶのである。

このように炭治郎は、自分の思いを内に秘めるタイプのアンディとは対照的であり、あえて声に出して自分を励ますことによって技を磨き、自己効力感を高めていったと考えられる。

（6）共感力（Empathy）

共感力とは、他者の心理的・感情的状態を表す手がかりを読み取る力であり、また顔の表情や声の調子、身振りなどの非言語情報から相手が何を考え、感じているかを察知する能力である（Reivich & Shatté, 2002）。

①『ショーシャンクの空に』

収監された日の翌朝、食堂でアンディは自分と共に入所した囚人のうちの一人が前夜に看守に殴打され、手当てされずに死亡したことを知る。彼は近くでそのことを話していた囚人たちにその者の名前を尋ねるが、死んだ奴のことを聞いてどうするんだと一喝される。彼がなぜ名前を知りたいと思ったのかは不明だが、少なくとも「同期入所」した者に何らかの同情や憐れみを抱いたのであろう。入所二日目で自分自身がまだ動揺の渦中にあったにもかかわらず、彼は他者に対しても幾ばくかの関心を寄せたのである。

アンディは囚人だけでなく刑務官にも共感し、彼らを手助けする。しかしその事例に関しては次項の「働きかける力」の中で取り上げることとし、ここでは彼がレッドに対して示した共感力を三点ほど紹介したい。

一つ目は、中庭でのチェッカー対局中のアンディとレッドのやりとりである。二人は互いに投獄理由を尋ね合う。アンディは自分は無実だと言い、続けてレッドに聞く。これに対しレッドは殺人だと正直に答える。すでにレッドの人となりを知っていたアンディはじっと相手を見つめながら無言で小さく数度頷く。このアンディの仕草は、レッドには消せない過去があるものの、自分はレッドという人間を受け止め、友として受け入れるという意思を示すシグナルであったと捉えられる。

二つ目は、レッドの入所三〇年目の面接で仮釈放が却下された時、アンディから彼へ「残念賞」としてハーモニカをプレゼントしたことである。アンディは落胆している友の心中を察するとともに、驚かせたかったので別の調達屋に依頼したことを悪く思わないでほしいと言う。

三つ目は、アンディの脱獄後に罪を暴かれ、刑務主任が逮捕され、刑務所長が自害するに至った後、レッドに絵葉書が届いたことである。それはアンディからのものであったが、レッドに追及の手が伸びないよう宛名だけが書かれてあった。レッドは消印を見て、アンディがテキサス州の町から国境を越えたことを知る。レッドは図書室で地図帳を開き、その位置を確認するとともに、悠然と車を運転し南下するアンディの姿を想像して笑みをこぼす。おそらくアンディは刑務所に残されたレッドの寂寥感を思いやり、少しでも友に喜んで欲しいと願うとともに、自分の辿ったルートを知らせたかったのであろう。

②『鬼滅の刃』

斎藤（二〇二一）は『鬼滅の刃』の登場人物は皆「被害者」であり、本作品は「心的外傷を抱えた者同士が殺し合う物語」であるとの見方を示している。家族を惨殺され、妹を鬼にされた炭治郎も被害者の一人である。ただし彼には生来の優しさがあり、師匠の鱗滝左近次に言わせれば「思いやりが強すぎて決断できない」「鬼にすら同情心を持っている」（第3話）ほどであった。物語の序盤で鬼に勝った時、炭治郎は消えていく鬼の手を握り締めながら「どうかこの人が今度生まれてくる時は鬼になんてなりませんように」（第8話）と祈る。また別の機会には死んだ鬼の遺品にまでは不敬な行為をしないよう冨岡に訴えている。

彼は仲間に対しても共感力を発揮する。ある時期に静養を必要としていた彼は、後方支援部隊の神崎アオイに対し、「アオイさんはもう俺の一部だから　アオイさんの想いは俺が戦いの場に持って行くし」（第53話）と話す。この言葉に驚いたアオイは洗濯物を取り込むのも忘れ、去って行く炭治郎をいつまでも見ているのであった。また激しい戦いの中で命を落とす者も出てくる中、彼は「俺に力を貸してくれるみんなの願いは　想いは　一つだけだ　鬼を倒すこと　人の命を守ること　俺はそれに応えなければ!!!」（第113話）と強く自分に誓う。

斎藤（二〇二一）は、炭治郎のことを「空っぽ」の人間であり、「およそ想像力というものが欠如していて、他人と共感する力もない」と断じているが、前掲の彼の言動から、むしろ彼には人並外れた共感力が備わっていたと考えるほうが妥当であろう。

（7）働きかける力（Reaching Out）

Reivich & Shatté（2002）は、働きかける力が高い人は自ら他者に接触し、新しい経験をすることに喜びを見出す傾向があると述べている。また井島（二〇二一）はこの力を「他者に関わり、他者を巻き込み、他者の行動を促進させる能力である」と定義している。

①『ショーシャンクの空に』

アンディは冷静な人物ではあるが、決して受け身ではない。むしろ自分から話しかけたり、自発的に行動する場面が随所にみられる。

レッドとの関係においても、最初に相手に話しかけたのはアンディのほうであった。また一九四九年春には彼は勇敢にも自ら刑務主任に近づき、相続税免除の手続きを買って出ている。この働きかける力が、追って刑務主任を動かし、アンディに暴行を働いてきたボグズとその一味を自分から遠ざけることにつながるのである。

やがてアンディの有能さを聞きつけた刑務所長は彼を洗濯係から図書係に配置転換するとともに、自らの不正経理をも担当させる。アンディには不本意に思う部分もあったが、これにより彼の刑務所内での行動の自由度は大幅に増すことになる。また彼は自分の子どもの教育費を作りたいと申し出てきた一人の看守の相談にも乗るほか、他の刑務所の看守たちの確定申告までも代行する。

彼はその保護された特別な立場を利用し、囚人たちに対しても次々と利他的な行動をとる。まず州議会に働きかけて図書室の拡充予算を拠出させることに成功する。次にその図書室を使って高卒資格の取得を望む者を支援する。また州議会から寄贈された中古レコードの中から『フィガロの結婚』を見つけ、その美しい音楽を自分が鑑賞するだけでなく、刑務所中に放送してすべての囚人に聴かせる。

加えて彼は、仮釈放の日が近づき、半世紀ぶりに刑務所外に出ることを恐れたブルックスが突如取り乱し、仲間の一人の首筋にナイフを突き付けた時、ブルックスに近寄って説得し事態を収拾する。

その他、脱獄決行前のある日に彼はレッドと中庭で会話をする。彼はレッドが仮釈放されたら、バクストンという町へ行き、大きな樫の木の下の石塀の根元にある黒曜石を持ち上げるよう約束させる。物語の最終局面でレッドはその約束を果たすのだが、そこにはアンディからレッドに宛てた手紙とメキシコへの旅費となる現金が入った箱が埋められていたのである。その手紙を読み終え、晩夏の虫が飛び交う草地をひとり歩きながらレッドはどれほどの喜びを噛み締めていたことであろうか。彼はさぞかしうれしかったにちがいない。

先の中庭での会話の中で、アンディは人生は「必死に生きるか、必死に死ぬか（Get busy living or get busy dying.）」のどちらかしかないと告げ、決然と立ち上がる。この言葉はレッドの胸にも深く刻まれ、仮釈放違反をしてメキシコに向かおうと定宿を去る時にレッド自身も復唱する。続けて彼は「俺は生きるぞ（That's goddam right.）」と力強く己に誓うのである。まさにアンディの働きかける力が、レッドに生きる希望を与え、具体的な行動へと突き動かしたのだと考えられる。

②『鬼滅の刃』

炭治郎に働きかける力があることは全編を通じて描かれている。炭治郎は鬼と化した禰豆子を殺そうとする冨岡を踏みとどまらせただけでなく彼の心を動かす。考えを改めた冨岡はすぐに炭治郎を鱗滝に紹介する。こうして炭治郎の修行が始まるのだが、後に鱗滝は「炭治郎　思えばお前が鬼になった妹を連れて来た時から何か大きな歯車が回り始めたような気がする」（第147話）と語り、この兄妹がそれまで停滞していた状況を一気に変えていったことを回想している。

また序盤の鬼との戦いの中で、炭治郎は同期の嘴平伊之助に対し、「一緒に考えよう この鬼を倒すために力を合わせよう」（第31話）と呼びかける。伊之助は「こいつは自分が前に出ることではなくて戦いの全体の流れを見ているんだ」（第31話）と、炭治郎に嫉妬しながらもその冷静さと視野の広さに感服する。その後も炭治郎は、「一人でできることなんてほんのこれっぽっちだよ だから人は力を合わせて頑張るんだ」（第117話）と仲間を鼓舞する。そして無惨との死闘にあっては、「みんなで繋いだ一秒が無惨をここまで追いつめた みんな みんな…!! 絶対倒すから 俺 最期までちゃんとやるから」（第195話）と誓い、ついに無惨を葬り去るのである。

本作品の最後は次のように結ばれている。「たくさんの強い想いが大きな大きな刃となり敵を討った みんなの力です 誰一人欠けても勝てなかった（中略）精一杯生きてください 最愛の仲間たちよ」（第205話）と。この言葉の発話者ははっきりしていないが、おそらく炭治郎を含むすべての登場人物の想いであり、また作者自身の彼らに対する慈しみと感謝の気持ちなのであろう。

むすび

『ショーシャンクの空に』と『鬼滅の刃』は、前者は映画、後者は漫画と表現媒体が異なるほか、設定された舞台や時代背景も大きく異なる。しかし両作品には一三九、一四一頁に紹介したような共通点も存在する。いわば両作品の主人公は時空を超えた同類ともいえるのである。

本章ではその共通点の中でも特にレジリエンス（再起力）に着目し、その七つの構成要素である「感情調整力」「衝動制御力」「原因分析力」「楽観力」「自己効力感」「共感力」「働きかける力」の順に、それぞれの主人公の言動をつぶさに分析した。その結果、彼らがその能力をすべて保有し、伸ばし、いかんなく発揮していることが確認された。

思えば、アンディも炭治郎もいわば「市井の人」であり「普通の人」である。彼らはもともとある程度のレジリエンスは持っていたが、それを劇的に伸ばし、存分に発揮させたものは、ある日突然彼らの身に降りかかった不運であり苦難であり逆境であった。彼らはあたかも激しい濁流の中にあって、飲み込まれないよう自身の執念と目的意識を杭（くい）として必死になって抗（あらが）い、戦い続けたのだといえる。その過程において、とかく折れそうになる心を支えてくれたのは仲間であり親友の存在であった。

まさに彼らの生き方には、自らも亡命経験のあるオーストリアのユダヤ系作家ツヴァイクの「奈落の底を知るものだけが生のすべてを認識するのであるから。つきはなされてみて初めて、人にはその全突進力があたえられるのだ」（山下訳、一九七〇）という言葉を彷彿とさせるものがある。

振り返ってみれば、私たちの普段の生活もうまく行かないことや行き詰まりの連続であるといえよう。その「日常」をあえて「逆境」と捉えるならば、私たちもアンディ、そして炭治郎と同じく、生来持っているレジリエンスをさらに発揮し、人生というドラマの主人公として自己実現を成し遂げるとともに、多様な価値を社会に対して創造し提供できるのではないだろうか。この二つの作品が我々に発しているのはそのようなメッセージではないかと思われる。

『ショーシャンクの空に』が長年にわたって揺るがぬ国際的高評価を維持し、一方で『鬼滅の刃』が短期間で記録破りの売上を成し得た理由は、二人の主人公が我々に内在するレジリエンスを伸ばし発揮する方法を身をもって示してくれたからであり、その姿に我々の心と魂の奥底が共鳴したからではないだろうか。

補章

『ショーシャンクの空に』に潜む謎と不思議

——愛するがゆえのこだわりと解釈——

Dear Red,

アンディがレッドに宛てた手紙とブリキの箱（実物）

Hope is a good thing, maybe the best of things, and no good thing ever dies. という文が書かれている。ダラボンは意図して船出の絵柄を選んだ。（現行のミュージアム内に展示）

1　作中に潜む謎と不思議

この補章では、本映画の中に潜む謎と不思議を取り上げたい。それらは様々なシーンに散りばめられており、ともすれば見過ごしてしまいがちであるが、この壮大かつ豊穣な作品を織り成す要素でもあることから最後に楽しみながら訪ね歩くような気持ちで触れていきたい。

『広辞苑』（新村編、二〇一八）によれば、「謎」とは「正体がはっきりしないこと。不思議・不可解なこと」となっている。また「不思議」とは「よく考えても原因・理由がわからない、また、解釈がつかないこと。いぶかしいこと。怪しいこと」であり、「不可解」とは「（複雑または神秘的すぎて）理解ができないさま。わけがわからないこと」とされている。つまり謎や不思議は人知を超えたものということになるが、本章ではこの作品に潜むそれらをまずは特定し、次に「わからない」ままにせず、できるかぎりその背景や理由などについて考えてみたい。

2　着眼点の分類

本章で取り上げる謎と不思議に関しては、その多くが主人公アンディに直接的・間接的に関わるものである。その一方でアンディ以外の登場人物に関する事柄もあるが、それらについては最後のほうで言及することにしたい。具体的な着眼点としては、①収容施設に関すること、②小道具に関すること、③身につける物に関すること、④アンディの行動に関すること、⑤その他に関することの大きく五つに分類し、さらに各分類の中で細かい事項について見ていくことにする。

3　収容施設に関する謎と不思議

（1）トンネルの長さ（壁の厚さ）

アンディの独房は、四階建ての刑務所の二階の隅に位置する、いわば角部屋である。問題は彼が掘ったトンネルの長さ、すなわち独房の壁の厚さである。作中ではアンディ役を演じた高身長のティム・ロビンスが暗がりを這い進むさまが映し出されているが、その長さ（厚さ）は五メートルほどはあるように見える。

しかし一歩引いて考えると、いかに堅牢な刑務所の端にある独房とはいえ、五メートルもの分厚い壁を築く必要がはたしてあったのかという疑問が生じる。したがって、この壁の厚さは一九年にわたる彼の収監期間の長さを視覚的・象徴的に視聴者に示すための制作者側の工夫だった可能性がある。もし壁の厚さが数十センチであったならば一九年もの歳月を穴掘り作業にかける必要はなく、それゆえ最終局面においては異なった映像を見せていたことであろう。

他方、建物のトンネルを抜けた後に階下に現れる下水管の長さは五〇〇ヤード（約四六〇メートル）もあり、懐中電灯を片手にその中を這い進む彼の姿は、穴掘りだけに留まらない脱獄という一大事業の困難さを表していると捉えられる。

（2）独房の移動・検査

全編を通じて刑務所内で囚人が独房を移動させられるシーンは一切見当たらない。途中で抜き打ち検査のシーンは出てくるものの、脱獄などを未然に防ぐための囚人間の個々の転房や刑務所全体の総転房は行われていない。さらに不思議なことはアンディが懲罰房に入れられていた間も、彼の独房が検査されなかったことである。もし検査されていれば、ポスターの裏を見られたり聖書のページをめくられたりした可能性は高いと思われるが、彼が脱獄に成功したということは、結局そのような検査は行われなかったということになる。

これは極めて奇妙なことであるが、ここで多少憶測を働かせるならば、彼が長年にわたって築き上げてきた信頼関係が刑務官らに彼の独房を検査させる必要性を認識させなかった可能性がある。あるいは刑務所長から全幅の信頼を得ているアンディの会計・経理能力が刑務官らに畏怖の念を抱かせ、検査実施に踏み切らせなかった可能性があることも否定できない。

4　小道具に関する謎と不思議

（1）ロックハンマー

ロックハンマーに関しては二つの謎と不思議がある。一つは、ロックハンマーの購入代金についてである。入所後ひと月ほど経った頃、アンディは初めてレッドに話しかけ、ロックハンマーの調達を依頼する。そして一〇ドルで取引することで交渉は成立する。しかし、この一〇ドル（おそらく実際はそれ以上の現金）をアンディがどのようにして刑務所内に持ち込んだのかは不明である。

現金をこっそり刑務所内に持ち込む方法については、原作小説の中で簡単な説明が付されている。それは体の中に隠して入所するという方法である。これは生物個体としての人間の身体に大きな負荷をかけることになるが、小説ではアンディはほぼ間違いなくこの方法で五〇〇ドルを持ち込んだとレッドは踏んでいる。しかしこの点は映画の中では全く描かれていない。あえて想像を働かせるならば、おそらく制作者側がそれほど重要ではないと判断し、省いたのではないかと考えられる。

もう一つは、アンディの脱獄後の捜査でロックハンマーが下水管を抜けた先の小川で見つかったことである。この時に警察と刑務所側が見つけた物は、囚人服と石鹸とロックハンマーの三点だけであった。囚人服は汚泥まみれの下水管を這い進む際に体を防護するために着用する必要があり、石鹸は外界に出た時に体を洗うために必要であったと考えられる。しかし、なぜロックハンマーも小川で見つかったのだろうか。

脱獄決行の夜、トンネルに入る直前にアンディは大切な帳簿類やチェスの駒をビニール袋に詰め込む。しかしそのシーンにはロックハンマーは映っていない。またトンネルと下水管を這い進む際に彼は懐中電灯を持っているが、ロックハンマーは持っていない。このことからおそらくロックハンマーはズボンのポケットに入れていたものと考えられる。では、いったいなぜ彼はロックハンマーを携行したのであろうか。この問いに対する答えやヒントを映画の中だけで見出すことは困難である。よってここから先は原作小説の力を借りて推理したい。

脱獄発覚後、小説ではロックハンマーは下水管の穴のそばで見つかるのだが、映画では小川の中で見つかっている。実は小説ではその書き手であるレッドは「アンディが下水管にもぐりこみ、(中略)四百五十メートル這い進んだところで、その突き当たりに太い針金の網が張ってあったとしたら? ハッハッ、とんだ大笑いだぜ」と語っている。この言葉は下水管の最後の出口に金網が取り付けられている可能性があったことを示唆している。実際には映画でも小説でも、そのようにはなっておらず、おかげでアンディは無事下水管をくぐり抜けて外の世界に出られたのだが、それはあくまでも結果論である。脱獄前の彼は下水管の構造を事細かくは把握できておらず、その不安ゆえに最終出口までロックハンマーを携行しなければならなかったのだと考えられる。下水管から小川に飛び込むことができ、そこでようやくロックハンマーを手放したのではないだろうか。

蛇足ながら、下水管を這い進んでいた時にずっと握りしめていた懐中電灯は、なぜか小川に飛び込む瞬間にはアンディの手の中にはなかった(少なくとも映像からは確認できない)。またその後の捜査でも懐中電灯が発見されたとの報告はない。よって懐中電灯はまだ下水管の中に残っているのかもしれない。

(2) ポスター

アンディはリタ・ヘイワースを皮切りにマリリン・モンロー、ラクエル・ウェルチと計三枚の女優のポスターを独房の壁に貼り換えていった。ここでの謎はトンネルの長さが伸びるにつれて風通しが増し、ポスターを揺らしたり、音を立てたりすることはなかったのかということである。例えば、独房内からの風でポスターが穴の中に押し込まれたり、逆に穴からの風でポスターが独房内でめくれ上がったりしなかったのだろうかという疑問である。もし看守たちがアンディの在室・不在にかかわらず、そのポスターの不自然な揺れや摩擦音に気づいていたら、彼の脱獄計画はとうの昔に発覚し頓挫していたことであろう。

映像ではリタ・ヘイワースのポスターは粘着テープではなく、何らかの接着剤できれいに壁に貼られている。他の雑誌のページなどからの切り抜きや写真も美しく整然と貼られている。二枚目のマリリン・モンローのポスターに関しても上から下までぴったりと壁に貼られている。めくれ上がっているのはむしろ彼女のスカートのほうである。三枚目のラクエル・ウェルチに関しても同様であり、脱獄後に所長たちが彼の独房に入り、怒りのやり場を失った所長がアンディが彫った石をポスターに投げつけるのだが、ポスターは穴があいても揺れることはなかった。石はポスターに受け止められることなく貫通し、トンネルの中へと転がっていったのである。

彼は毎晩ポスターの下部を壁から剥がしては穴掘り作業を続けていたはずであるが、穴の幅を鑑みるに穴の中で自分の体をUターンさせることは不可能だったであろう。よって作業終了後、独房に戻ってから再度ポスターの下部を丁寧に壁に貼っていたと考えられる。他方、脱獄に際し最後に穴にもぐり込んだ時はポスターの下部は壁から剥がれたままだったはずである。では、なぜ所長たちは彼の独房に踏み込んだ時、ポスターの揺れにすぐに気づかなかったのであろうか。これは難問であるが、以下に私なりの推理を述べたい。

小説では監房は一人部屋ではなく二人部屋であり、アンディと八カ月間同房で過ごしたノーマデンという囚人がどこからともなく入ってくる「すきま風」の寒さについて何度も言及している。しかし映画では彼の部屋は独房であり、「すきま風」に関する要素は完全に排除されている。したがって、微動だにしないポスターはアンディの脱獄への不退転の決意と不動心を象徴するものであり、それゆえ徹頭徹尾揺れてはいけないものだったのではないだろうか。

以上が制作者側を擁護しようと無理して考えた私なりの解釈である。しかし、アンディが最後に穴に入るシーンに関しては、ダラボン自身（二〇〇四）が撮影時の制約について次のように正直に語っている。「多くの人がどうやってポスターを戻すのか聞くが、映画だから黙って受け入れてくれ。そういう個所（著者註：正しくは「箇所」）があるのはその時、時間がなかったんだ」と。

（3）下水管を砕く大きな石

脱獄の途中、アンディは監房棟のトンネルを抜け、雨樋らしきものをつたって下水管まで降りる。彼は下水管に穴をあけるため、大きな石をあらかじめその場所に用意しておいたと考えられることは第6章で述べた。なぜならもし事前にそこに石を置いていなければ、その時にその場所で都合の良いサイズの石が偶然見つかるはずなどないからである。その石は唐突に彼に握り締められて降り下ろされるが、それは細心かつ周到な準備を彼が前もってしていたからにほかならない。そのプロセスは映像には出ていないが、そのように断定せざるをえないのである。

では次に、なぜ彼は事前にではなく、あえて決行当夜に下水管を割ったのであろうか。第6章ではこの点についても若干触れた。すなわち下水管を割る時に発生する音をかき消すためには、雷鳴が轟く必要があり、その条件がその時まで整わなかったからである。逆に言えば、彼は嵐の夜が来る日を辛抱強く待ち、そしてようやくそれが来た時に脱獄を決行したのだと考えられる。彼は下水管を抜けて小川にさえ出れば、あとは雷雨と川の水が匂いも足跡もすべてを消し去ってくれると深慮していた可能性もあるのである。

（4）黒曜石

「黒曜石（black volcanic glass）」という言葉は物語の最後のほうで一度だけ出てくる。それは再審請求の件で刑務所長を激怒させ、計二カ月の懲罰房入りを食らったアンディがようやく解放され、レッドと中庭で言葉を交わすシーンの中である。アンディはレッドに対し、仮釈放されたらバクストンの牧草地へ行き、大きな樫の木へと続く石塀の根元にある黒曜石を持ち上げるよう約束させる。そしてその黒曜石は「メイン州の牧草地とは縁もゆかりもない石」（アルク英語企画開発部編、一九九八）であると告げる。

仮釈放後、レッドは約束どおりバクストンを訪れ、黒曜石を見つけるが、アンディがどのようにしてその石をそこに置いたのかは描かれていない。その石の下にはレッドに宛てた手紙と現金を入れた金属製の箱が隠されていたのだが、それはアンディが脱獄後速やかに置いたものである。黒曜石がもともとそこにあることを彼が知っていたのか、それとも他の場所から持ち運ぶつもりでいたのかは不明である。もし前者であれば、彼は投獄前からその場所にその見慣れない石があることを知っており、一九年を経た現在もそこにあると確信していたことになる。またもし後者であれば、別の場所から持ち運ぶことを計画していたことになる。

ちなみに小説では、この石はかつて彼が銀行で働いていた時に机上で文鎮として使っていたものであり、服役中に親友のジムがその場所に置いてくれたということになっている。

（5）聖書のくり抜き

入獄当初にレッドからロックハンマーを調達してもらったアンディは抜き打ち検査に備えてそれを聖書の中に隠していた。このことは刑務所長が自害する直前に判明する。脱獄したアンディからの情報提供により、刑務所内の不正と殺人を新聞社にすっぱ抜かれた所長は警察の手が自分に迫っていることを悟る。彼はパトカーのサイレンの音を聞き、自室の隠し金庫の中を確認するのだが、そこには帳簿ではなく、アンディが持っていた聖書が入っていた。中を開くと表紙の裏に「所長、確かに救いはこの中に」という彼からのメッセージが書かれており、さらにページをめくるとロックハンマーの形に合わせて切り抜かれた空間が現れる。所長はショックのあまり聖書を落としてしまうのだが、ここで注目したいのは次の二点である。

一点目は、この切り抜きの輪郭があまりにもシャープであることである。おそらく鋭利なナイフかカッターで切られたものと思われるが、その輪郭は直線ではなく、ロックハンマーの丸みやカーブに合わせて美しすぎるほどぴったりと切り取られているのである。二点目は、そのスペースが驚くほどきれいだということである。すなわち長年ロックハンマーを隠していた場所であるにもかかわらず、周辺に泥や砂塵が付着しておらず、紙の色もほぼ真っ白のままだということである。これは極めて不思議であり不可解なことである。

あえて理由を考えるならば、几帳面で器用なアンディがまず何かの道具を使って丁寧にページを切り抜き、そして毎晩の穴掘り作業の後、ロックハンマーの汚れをきれいに拭き取ってからそのスペースに戻していたということである。あるいは穴掘りを始めてからは聖書の中に隠すのは止め、穴の中に隠していたのかもしれない。そうすれば毎晩穴に入ってからすぐに作業に取りかかれたのだと考えられる。

(6) 切手と封筒

脱獄後、アンディは新聞社宛ての封筒を手に持って銀行を訪れている。その封筒には二種類の切手がそれぞれ四枚と三枚、計七枚貼ってあるが、彼はそれを銀行からの発送郵便物の中に加えるよう出納係に依頼する。そしてその係員は快く引き受けるのだが、この場面は考えてみると不思議な点がある。

銀行訪問時に七枚の切手はすでに封筒に貼られていた。そのことはアンディがその前に郵便局で切手を購入していたことを意味する。また封筒に関しても刑務所から持ち出さない限り、その日の朝、郵便局か文具店で買っていたことになる。なぜ彼は郵便局で切手を買った後、すぐにそこから発送しなかったのだろうか。これはまったくの謎である。

あえて無理な推理をすれば、二点ほど可能性が考えられる。一点目はこの日、彼のスケジュールはぎっしりと詰まっており、郵便局から（場合によっては列に並んで）発送する時間さえも惜しまれたということである。他方、ここまで来れば主（神）の裁きが刑務所長と刑務主任に下ることは必至であると確信し、郵便局では切手だけを購入し、銀行では長期大口顧客として悠然と発送を依頼した可能性がある。そしてこの日は一二行近い銀行で預金を下ろすことに専念したのかもしれない。その移動の途中でレッド宛ての手紙と現金を入れるためのブリキの箱もどこかの店で買ったのであろう。一夜明けて翌朝、バクストンに行き（利用した交通手段は不明だが、手元に豊富なお金があったので何とでもなったのであろう）、その箱を先の黒曜石の下に隠したのではないかと考えられる。このように脱獄直後の彼は思いのほか忙しかったのである。

二点目は、彼は脱獄前に切手の調達を済ませており、郵便局に立ち寄っていない可能性もあるということである。何事にも抜かりのない彼のことであり、十分な枚数の切手を服役中に入手していた可能性があることも否定できない。

5　身につける物に関する謎と不思議

（1）衣服と靴

ここでは脱獄後の銀行訪問時にアンディが身につけていたワイシャツ、背広、ズボン、靴について取り上げたい。決行当夜、アンディが所長室での仕事を終えて自分の独房へと戻るシーンはレッドのナレーションに合わせて開示されるが、この一連の流れを見る限り、これら四点はすべてアンディが所長室からくすねた物であると理解することが妥当であろう。用意周到な彼は外界に出た後に身につけるべき物を手に入れ、すべてビニール袋の中に詰め込み、それを自分の脚に縛り付けてトンネルにもぐり込む。そして気の遠くなるほど長い下水管をくぐり抜けて脱獄を遂げる。

しかし、問題はこれら身につける物のサイズである。映像ではアンディと所長の身長差は一〇～一五センチほどはあるように見えるが、もしそうであれば、ワイシャツの袖丈や背広の着丈、ズボンの股下は所長の寸法では短すぎることになる。また靴のサイズもアンディには小さすぎることになろう。

ところがアンディの銀行訪問時の映像を見る限り、これらはすべて彼の体に完全にフィットしている。ネクタイは別にしても、一般に他人の身につける物が自分にフィットすることは稀であり、ましてやこの両者の体格差を考えるといかにも不自然であり説明がつかない。

アンディが寸法を直したり異なるサイズのものを別途調達したりするシーンは描かれていないことから、制作者側もそこまで気が回らなかったのではないかと推測される。あるいは気が回っていたとしても、スピーディな話の展開上、そこまで細かいプロセスを映す必要はないと判断した可能性もある。

（2）脱獄後の着替え場所

下水管から小川に出た後、雷雨に打たれながら両手を高々と広げるアンディの姿を覚えている人は多いであろう。日本で販売されているＤＶＤの中にはこのシーンをジャケットに用いているものもある。

さて、アンディはこのシーンの後、こざっぱりしたスーツ姿で銀行に足を踏み入れる。しかし、彼がその前にどこで着替えたのかは明かされていない。私の推理では、アンディは雨をシャワー替わりにして体に染みついた汚れを石鹸で洗い流し（それゆえ石鹸は小川で発見された）、深夜から未明にかけてどこかの場所で雨宿りしながらスーツに着替えたのではないか。その後、雨が上がったことは幸運であったが、彼は雨が上がる時間さえも前夜に把握していたのかもしれない。

そして着替えた後、いったん宿に行き、シャワーを浴びて仮眠し、きれいに頭髪を整えてから銀行を回ったのだと思われる。なぜなら一行目のメイン・ナショナル銀行を訪れた時、彼はチェスの駒の入った箱を持っていなかったからである。すなわち彼はメキシコに持って行く物をどこかのホテルに置き、身分証明書や新聞社宛てに発送する封筒など最低限必要なものだけを持って出かけたのだと考えられる。

6 アンディの行動に関する謎と不思議

(1) 刑務所で迎えた最初の朝

入獄して一夜明けた最初の朝、独房のドアが一斉に開き、アンディは勝手がわからないながらも隊列の後ろについて食堂へ行く。ここで彼は自分のトレイの中に生きたウジ虫が入っていることを知ってぞっとする。このシーンを見て背筋が寒くなる思いをした視聴者も多いことであろう。近くにいたブルックスが目ざとくそれを見つけ、ひな鳥の餌用にアンディに乞うのだが、この時他の囚人たちは平然としていた。つまり彼らはウジ虫が混入した不衛生な配給食について何の驚きも抵抗も感じていなかったのである。しかし、その後はこのような食事に問題のあるシーンが映し出されることはなく、むしろ食堂に集い合う彼らはいつも楽しそうにしていた。

なぜ不衛生な食事の場面が出てくるのは一度だけだったのだろうか。それはおそらくアンディがそのような食事に慣れたからなのであろう。刑務所の食事の質が短期・中期的に改善されることは考えにくいため、アンディのほうが素早く順応して耐性を身につけ、よって物語の中であえて映像として取り上げる必要がなくなったと考える以外には合理的な解釈はむずかしい。

この食堂のシーンでは、アンディは自分と共に入所した囚人の一人が看守に殴られて死亡したことも知る。そしてその話をしていた連中に死んだ囚人の名を尋ねる。その理由については第6章でも触れたが、おそらく彼は「同期入所」の者に幾ばくかの同情や憐れみを覚えたのであろう。なにぶんにも最初の朝のことであり、自分自身が動揺の渦中にあってもなお共感力の高い彼は尊い命を落とした者に対して関心を抱いたのだと考えられる。

（2）刑務主任へかけた言葉

一九四九年の春、屋上で仲間と作業をしていたアンディは、刑務主任が遺産相続の件で愚痴をこぼしているのをたまたま耳にする。そしてその主任に音も立てずに近寄り、「奥さんを信じていますか？」と唐突な言葉をかける。この不穏とも受け止められかねないアンディの挙動で刑務主任と周りの刑務官たちに一瞬緊張が走るが、彼は続けて「裏切られる心配とかは？」と不躾な質問を続ける。これに対し刑務主任は激怒し、彼の首根っこをつかんで屋上の端まで連れていく。アンディは突き落とされる恐怖を感じながらも、そこでようやく相続税免除の手続きについて口早に説明し、主任の理解と了承を得る。

全編を通じて描かれているアンディの沈着冷静な性格を踏まえると、この一連の言動はおおよそ彼らしくないものである。いったいなぜ彼はそのような言動をとったのであろうか。

実はこの時期のアンディは入所二年を経た頃であり、ボグズら一味に日常的に暴行を加えられる悲惨な生活を送っていた。その直前のシーンでレッドがアンディのことを「悪夢の二年間だったろう」とナレーションを入れているように、アンディは心身ともに衰弱し切っており、そのような不安定な状態が彼を直截的な行動に走らせたのでないかと推理される。一方で、結局この一件を大きな境目として彼は仲間からも刑務官からも信頼され、時に慕われる存在へと変わっていくのである。

（3）再審請求

トミーは入所した翌年、かつて別の刑務所で同房だったエルモ・ブラッチという囚人が起こした殺人事件についてレッドとアンディに話す。驚くべきことにその被害者はアンディの妻と間男に間違いなく、アンディもまたそのとばっちりを受けた被害者であった。

アンディはすぐさま刑務所長と面会し、再審請求について直談判する。しかし所長はその要望を聞き入れず、そのあまりの愚鈍さに苛立ったアンディは暴言を吐いたとして、懲罰房入りを命じられる。この映画の中でアンディが最も感情を高ぶらせ、何度も大声で叫んだシーンである。

いったいなぜ彼はそこまで激しい態度に出たのだろうか。考えてみると、彼はこの時点で入所後一九年に達しており、脱獄用のトンネルはほとんど掘り終えていたはずである。もし再審請求が認められれば、所外に出廷することもあり、そうなれば不在中に独房を検査される可能性も出てくる。そのことはせっかく長い歳月をかけて掘り続けたトンネルが見つかってしてしまう恐れがあることを意味する。では、なぜ彼はそのようなリスクを冒してまでも再審請求を切望したのだろうか。

これは難問であるが、おそらく彼にはアンディ・デュフレーンという一人の人間の潔白を証明したいという自負心やプライドがあったのであろう。あるいは無罪判決を受ければ再び銀行関連の仕事に就くことができるという考えも頭をよぎったのかもしれない。他方、もし再審請求を経なければ、仮に脱獄が成功したとしても、自分の犯罪歴は永久に歴史に刻まれることになる。彼はそれを嫌い、再審請求を望んだのであろう。しかし、貴重な証言者となるはずのトミーは所長の指示で銃殺され、アンディは一縷の望みさえも絶たれてしまう。

7 その他の謎と不思議

（1）新聞記事掲載と隠し金庫解錠のタイミング

映像によれば地元新聞社が「ショーシャンクで不正と殺人（Corruption, Murder at Shawshank）」という大見出しを新聞一面に載せたのはアンディから封筒が届いた日の翌朝のように見える。この辺りの素早い話の展開からはそのように受け止めるのが自然であろう。しかし、その大見出しの下にはやや小さな文字で「地方検事は帳簿を入手し、起訴する見通し（D.A. Has Ledger — Indictments Expected）」という見出しも付されている。すなわち新聞社はアンディから受領した不正帳簿等一式をもとにいきなり事件をすっぱ抜いたのではなく、それらを証拠書類として司法に提出し、その後十分に裏を取ったうえで記事を掲載したのだと考えられる。

したがって、仮にその一連の確認作業が極めて速やかになされたとしても刑務所内の悪事が暴露されるのは新聞社に封筒が到着した日の翌日以降になる。あるいはもしその作業に丸一日以上かかろうものなら新聞の一面に載るのは封筒到着日の翌々日以降、すなわち脱獄発覚後三日以上を経てからのことになる。そもそもアンディは普通に切手を貼って封筒発送を銀行に依頼している。よって刑務所長が自室の隠し金庫の扉を開けたのは脱獄発覚日の翌朝ではなく、それから二日ないし三日以上経ってからのことになる。

これはタイミングとしてはいかにも不自然である。なぜなら所長が何よりも恐れていたのはアンディの脱獄によって自分の不正が世間に明るみに出てしまうことであり、脱獄発覚後に所長が真っ先にすべきことは帳簿の所在を確認することだったからである。しかし以上の推測に従えば、所長が隠し金庫を解錠して黒い本を開き、衝撃に打ちひしがれたのは早くても発覚から二日以上も経ってからのことになる。

制作者側がここまで細かく時間の流れを意識・掌握していたかどうかは定かではないが、おそらく作品後半になるべく迅速に話を進めていくために軽微な事柄はあえて削ぎ落としたのであろう。

(2) トミー

トミーは一九六五年に家宅侵入罪で二年の刑で入所してきた若者である。彼に関する不思議なシーンは少なくとも二つある。一つ目はやたらと明るい入所シーンである。映像では彼が他の囚人と共に護送車に乗せられているところが描かれているが、車両到着時に先住の囚人たちが大騒ぎで出迎える様子はなく、アンディたちが刑務主任から受けた手荒い「洗礼」もない。バックミュージックとして流れる力強いロックンロールのせいか、そこには暗さや翳りはいささかも感じられない。アンディの入獄時とは極めて対照的であるが、もしかしたらこの時の入所者は短期受刑者ばかりだったのかもしれない。

二つ目は、トミーがレッドと木工場にいる時にコカ・コーラを飲むシーンである。高卒資格取得試験の終了後、自らの不出来に腹を立てたトミーはアンディの目の前でしでかした無礼な振る舞いを後日悔いる。これに対しレッドは「(アンディは) お前を誇りに思ってるさ」と言ってトミーを慰める。この時、レッドはアンディの経歴や犯したとされる罪についてトミーに教えるのだが、彼らは言葉を交わしながら比較的ゆったりとした動作でコーラを飲む。

この木工場のシーンではトミーの後方に刑務官一人と床を掃除する囚人一人が映っている。それにもかかわらずトミーとレッドの二人だけがひとつ間違えば凶器にもなりかねないコーラのガラス瓶を片手に直飲みしているのである。先に述べたナンバープレート工場の屋上でビールを飲むシーンとこのシーン以外には瓶に入った飲み物を口に含むシーンは出てこない。前者はアンディの免税手続き代行に対する刑務主任のおごりであったが、後者においてはなぜ彼らが木工場でゆったりとコーラを飲める状況にあるのかは不明である。

ここでもやや無理な推理をすれば、この場面で映っている人物がトミー、レッド、他の囚人、及び刑務官の四名だけであることから、週末か祝日前の夕刻にほぼ労役を終え、独房に引き上げる直前の短くもリラックスした

レッドとトミーがコーラを飲んだ木工場の外観
現在は本映画のギフト・ショップになっている（要予約）。
（オハイオ州アッパーサンダスキー）

上の木工場の内部
レッドはここで美しい女性の二重唱を聴いた。
（Bill Mullen氏所蔵）

ひと時でのやりとりだったのかもしれない。

(3) レッド

レッドにまつわる謎と不思議は三つある。一つ目は彼が携行する茶色いかばん（小型の手提げケース）が異様に軽いことである。仮釈放時、刑務官たちに見送られ刑務所の門から出る際に彼が持つかばんはその軽さのあまりブラブラしており、中に何も入っていないかのようである。米国の刑務所事情、特に入所時と出所時の取り扱いについては知らないが、四〇年前に入所した時の所持品や労役の対価として現金などがかばんの中に入っていてもよさそうな気はする。しかしこの時のかばんは全くのカラのように見える。次にかばんが映るシーンは、彼がメキシコに行くと決心して定宿を去る時である。外の世界で一定期間を過ごし、これから数日かけて陸路で移動することになるにもかかわらず、最低限必要な衣服さえ入っていないかのようである。その証拠にベッドの上に置いたかばんを両手で押さえつけて閉じるにもかかわらず、その直後に片手でラクラクと持ち上げるのである。そして最後にかばんが映るのは彼がジワタネホの白浜を歩くシーンである。彼の視界にはすでにアンディとボートが入っているが、長旅を経ても依然としてかばんは軽く、彼が一歩一歩アンディに近づくたびに上下左右に揺れ動くのである。

なお、仮釈放といえば、レッドよりも先にブルックスが出所しており、刑務所からホテルまでかばんを携えて歩くシーンが描かれている。しかしブルックスのかばんはレッドのそれよりも上下動が少なく、いくぶん重量があるように見える。この所見は私の独断的主観の域を出ないが、もしかしたらブルックスのかばんの重さは出所後も希望を見出せなかった彼の前途を、レッドのかばんの軽さは出所後に希望を見出せた彼の前途を象徴していたのかもしれない。

二つ目はテキサスへ向かうバスに乗っている時のレッドの体勢についてである。自分の座席の左側の窓を全開にし、「ワクワクして落ち着かない。自由な人間の喜びだ。この長旅の結末はまだわからない」と語り、期待と不安の入り混じった表情で車窓から外を眺める。このとき彼は左の肩と肘を十センチほど窓の外に突き出している。しかしその直後にバスが下り勾配の道を走るところを後方から撮影したシーンでは、彼の肩も肘も窓の外には出ておらず、完全に内側に引っ込んでいる。これは映像上の流れとしては不自然である。

あえて善意に解釈すれば、彼は場面が切り替わる瞬間

レッドを乗せたバスがテキサスに向かって走っていく道
（オハイオ州 State Route 95）

に本当に腕を引っ込めたのだろう。それゆえにその動きがスクリーンに映らなかったのだと考えられる。もう一つの可能性としては、映像では数秒間しかなかったものの、彼が肩と肘を突き出しているシーンとバスが下り勾配の道を走るシーンとの間には数十秒以上の間隔があり、その間に彼が体勢を変えたのだとも考えられる。ただし、これらの推測には無理があることから、おそらくは制作者側がそこまで配慮しなかったことに起因するものであろう。

三つ目は彼がどのようにして国境を越えたのかについてである。彼はパスポートを持っていたのだろうか。アンディの場合はランドール・スティーブンス名義で様々な証明書を脱獄前に所持していた。映像にはないが、如才ない彼はパスポートも作っていたのかもしれない。しかしレッドの場合はどうであろうか。おそらく仮釈放中の身ではパスポートを作ることはできないであろう。したがって、彼はパスポートなしに密入国したと推測される。あるいは密入国にはちがいないが、一九六〇年代の国境管理は現代ほど厳しくなかったのであろう。特に当時の超先進国アメリカから途上国メキシコへの入国はとりわけ容易だった（逆にメキシコからアメリカへの入国は非常に厳しかった）のではないかと考えられる。

むすび

以上、本作品を繰り返し鑑賞する中で素朴に疑問に思ったこと、不思議に感じたことを、①収容施設に関すること、②小道具に関すること、③身につける物に関すること、④アンディの行動に関すること、⑤その他に関すること、の五つに分けて考えてみた。これらについては本書を執筆することがなければ放置していたことであろう。いずれも私個人の主観に基づくものであるが、これを機に読者の方々の作品鑑賞の進展・深化に少しでも貢献することができれば幸甚である。

他方、壮大な本作品の重箱の隅をつついているとの印象を持たれた読者の方もいらっしゃるかもしれない。物語の中でも、拡声器から流れる女性デュエットの美しい歌声に魅了されながらもレッドがその歌詞の意味については「知らない方がいいことだってある（Some things are best left unsaid.）」とナレーションを入れているように、個々の謎と不思議については詮索するべきではないという考え方もあるであろう。しかし多少弁明をさせていただくと、本章の執筆へと私を駆り立てたものは心から本作品を愛しているがゆえの「こだわり」であり「目配り」なのである。この映画が好きで好きでたまらないからこそ、細部さえもないがしろにすることができず、どこまでも目が行ってしまうのである。いわば本作品をこよなく愛し、徹底して敬意を払った結果、触れざるを得なくなったというのが正直なところである。どうかご理解とご容赦を賜りたい。

その他、個々の点についてより深く考えを巡らせている方がいるかもしれない。また私がまだ気づいていない謎や不思議にお気づきの方もいるかもしれない。どうか大いに想像の翼を広げ、ご自身で納得のいく解釈や理由付けをしていただければこのうえなくうれしい。

鑑賞の仕方に関してはダラボン自身（二〇〇四）も「作り手の意図を超えて観客が感じることがある。だから何を読み取ったか語るのは観客かも。見る人にとっては特別な意味がある場合もある。（中略）観客がそこに深い意味を見つけようとすることは面白い。〝そうだよ意味がある〟と言いたくなる」と語っている。この言葉は、私たちが良心と良識に従う限り、自由に映画を鑑賞・解釈してもよいのだということを保障してくれていると受け止められる。そしてそれこそがこの豊穣な人間ドラマに込めた彼の切なる願いだったのではないかと思われる。

あとがき

本書を最後まで書くことができたことに心から安堵している。おそらく私と同じような勤務環境にある方々からは満腔の同情を寄せていただけると思うが、日本国内の中規模以下の私立大学では、授業に加えて各種学内業務の量が夥しく、教員個人が研究に使える時間はほとんど残されていないというのが実情であろう。これに抗うためには何かを犠牲にし、岩に爪を立てるような思いで時間を捻り出す必要がある。

こうした格闘のさなかにあって、以前名刺交換したご縁で晃洋書房営業部の高砂年樹氏と芦田康二氏とあらためて連絡を取り合うことができたことは幸甚であった。お二人は『ショーシャンクの空に』を題材とした私の出版構想に関心を示してくださり、特に芦田氏はこの映画の大ファンとのことであった。その後、編集部の阪口幸祐氏（当時）とも面会し、本作品について様々に語り合えたことも今では懐かしい。その後任の坂野美鈴氏にも丁寧に原稿に目を通していただき、貴重なご助言を頂戴した。この四名の方には本書の刊行に向けてお骨折りいただいたことにつき厚く御礼申し上げたい。

また当然のことながら原作者のスティーヴン・キング、脚本家兼監督のフランク・ダラボン、及び俳優のティム・ロビンス、モーガン・フリーマンらすべての関係者にも心から感謝している。彼らがこの不朽の名作を世に出してくれていなければ、私は本作品と出会うことはなく、異なる人生を歩み、本書の執筆に着手することもなかったからである。

彼らに対する感謝の思いは尽きないが、最後にこの場を借りてダラボンの言葉をいくつか紹介させていただきたい。いずれも味わい深く、作中のセリフと同様に読者の方々に勇気と希望を与えてくれると思われるからである。

※

ダラボン（二〇〇四）のＤＶＤ内の音声解説は本文中でも何度か引用したが、ほかにも彼は次のように語っている。なお三つの見出しは便宜上、こちらで付けたものである。さらに字幕表示された言葉の意味がよりわかりやすくなるよう、括弧内の言葉と句読点も添えた。その他はあえて原文のまま表記した。どうかじっくりと堪能していただきたい。

（１）映画制作の動機と喜び

・「（アンディを）不幸のどん底にあえいでいる哀れな男だと思ってたら、実は自分の力で人生を取り戻すヒーローだった。周りを出し抜いたのは見てて気分がすっきりした。ここに感動だけではないキングの物語のすごさがある。この爽快感がよくて映画を撮りたかった」

・「この映画の脚本を書くことができ、監督としてもかかわれたことに僕はこの上ない喜びを感じた」

（2）キャリア形成への助言

・「皆が知りたがるのは、どうやって映画の世界に入り、脚本家や監督になったか。僕の答えは漠然としてがっかりするかもしれない。確実な方法なんてないんだ。（中略）映画の仕事に求められるのは直感とか、才能とか努力、信念といったものだ。僕や他人がたどった方法でうまくいくとは限らない。人それぞれ違うんだから自分の方法を探すしかない。でも自分で新しく道を切り開くのは勇気がいる。映画学校の単位で保証されるわけでもない。努力によって偶然訪れたチャンスの積み重ねなんだ。頑張れば運は自分から作り出すことができる」

・「確実な方法はないので教えられないが、実現することはできる。夢をかなえる方法はちゃんとあるんだ。僕の場合、脚本で生計を立てるのに九年かかった。僕は九年喜んで学んだが、多くの人はあきらめる。周りからムダだと忠告されるかもしれないが、そんなことはない。問題はどれだけ真剣に可能性を信じるかだ。どれだけ目標のために必死になれるか。どれだけ努力し、時間をささげられるか」

（3）映画の持つ力

・「映画が人に与える影響は計り知れない。作品で感じ取ったことを自分の人生にあてはめる。（中略）自分自身の苦しみを本作品に投影しながら、希望も引き出している。病気や失業などの人生の試練に苦しむ多くの人々から手紙をもらった。悪いことが起きるととらわれた気分になる。だけどこの映画が希望を与え、次に踏み出す勇気がわいたと書いてあった。そう考えると映画を作ることはすばらしいね。本当にうれしく思ってる」

※

以上、ダラボンの珠玉の言葉を噛みしめていただけたであろうか。彼の人生経験や思想が反映された、なんとも重みのある言葉ではないだろうか。さすが本作品の脚本家・監督を務めただけの人物であると唸ってしまったのは私だけであろうか。

本書の「序」にも書いたが、私は本映画を凌ぐ作品には未だ出会っていない。他にも良い映画、面白い映画、泣ける映画はあるのだが、やはりこの作品には遠く及ばない。今後も出会うことはないであろう。第三者からみればそれは「もったいない」ことであり、ある意味では「不幸」と映るかもしれない。しかし、例えば本作品との出会いを「結婚」に置き換えてみたらどうであろうか。ある人が結婚後、配偶者よりも強い恋心を抱く人と出会わないことは果たして「不幸」であろうか。その答えはおそらく自明であろう。ゆえにどうしても私は自分のことを無上の「幸福者」だと思ってしまうのである。

※

主な撮影の舞台となったオハイオ州マンスフィールドの町は、本作品の公開後、少なくとも一〇周年（二〇〇四年）、二〇周年（二〇一四年）、二五周年（二〇一九年）と記念行事を開催してきた。ダラボンを含む制作者側と一連の名優たち、地元のエキストラ、そして熱烈なファンが世界中から集い合った記録がインターネット上に残されている。

これらの催しに私は参加したことはなく、三〇周年にあたる二〇二四年も参加できるかどうかはわからない。それでも本書に掲載する写真撮影のため、二〇二二年八月に現地を訪れた際に出会った素朴で優しい人たちとはいつかまた会いたいと願っている。その時にとりわけお世話になった方々の氏名を次に記させていただいた。彼らの親切で敏速な手配と案内がなければ、少なくとも木工場と裁判所を訪問し内部の写真を撮ることはできなかった。また貴重な展示や情報に接することもできなかった。私にとって彼らは本映画と同じくかけがえのない財産であり宝物である。ここに彼らに対し、あらためて感謝の意を表して本書を結びたい。I would like to express my wholehearted gratitude to all of you. I look foward to seeing you again!

Lee Tasseff　President, IOM, Destination Mansfield
Jodie Snavely　Special Projects Director, IOM, CTIS, Destination Mansfield
（IOM: Institute for Organization Management）
（CTIS: Certified Travel Industry Specialist）

Bill & April Mullen　Owner, Shawshank Woodshop
Bob Wachtman　Former Extra, *The Shawshank Redemption*
William Clinger　Commissioner, Wyandot County
Saige Thornley　Staff Writer, Daily Chief-Union
Dan Smith　Associate Director, The Ohio State Reformatory

二〇二三年五月三日

高橋　悟

参考文献

▶序

金澤誠（2017）「ショーシャンクの空に」，前野裕一編『午前十時の映画祭8プログラム』，キネマ旬報社，30頁.

キング，スティーヴン，浅倉久志訳（1988）『刑務所のリタ・ヘイワース』，収録先『ゴールデンボーイ：恐怖の四季 春夏編』新潮社.

國友万裕（2015）「同性愛映画としての『ショーシャンクの空に』」，『映画英語教育研究』，20，137-147頁.

久米博（2005）「解釈学」下中直人編『世界大百科事典』改訂版，第4巻，平凡社，566-567頁.

黒川裕一（2005）『見ずには死ねない！ 名映画300選（外国編）』中経出版.

産労総合研究所（2009）「20代，30代のサラリーマン100人の『はたらく姿，生きる姿を描いて印象に残った映画』とは」，『人事実務』，46(1064)，40-43頁.

新村出編（2018）『広辞苑』第七版，岩波書店，1603頁.

戸松泉（2012）「エクリチュールの解釈学：森鴎外『舞姫』の改稿をめぐって」松澤和宏編『テクストの解釈学』水声社，157-179頁.

日経BP編（2017）「データは語る　5年前と今、人気の映画はどう変わった？：マクロミル「ブランドデータバンク 消費者3万人調査」より」，『日経デジタルマーケティング』，11，26-27頁.

服部弘一郎（2019）『銀幕の中のキリスト教』キリスト教新聞社.

濱野清志（1999）「第12章　生きることの価値をもとめて：心理臨床と宗教性」山中康裕・橋本やよい・高月玲子編著『シネマのなかの臨床心理学』有斐閣，205-221頁.

ラインハルツ，アデル，栗原詩子訳（2018）『ハリウッド映画と聖書』みすず書房.

Darabont, F. (1996). *The Shawshank Redemption: The Shooting Script*. New York: Newmarket Press.

Dawidziak, M. (2019). *The Shawshank Redemption Revealed: How One Story Keeps Hope Alive*. Guilford: Lyons Press.

Grady, M. & Magistrale, T. (2016). *The Shawshank Experience: Tracking the History of the World's Favorite Movie*. New York: Palgrave

Macmillan.
Internet Movie Database (IMDb). *IMDb Top 250 Movies*, viewed 31 January 2023, 〈https://www.imdb.com/chart/top/〉.
Kermode, M. (2003). *The Shawshank Redemption.* London: British Film Institute.
King, S. (1982). *Rita Hayworth and Shawshank Redemption.* In *Different Seasons.* New York: Penguin Group.
Nathan, I. (2019). *Stephen King at the Movies: A Complete History of the Film and Television Adaptations from the Master of the Horror.* London: Palazzo Editions.
Rolston, M. (2012). *Entertainment Media Show: Mark Rolston Interview,* viewed 31 January 2023, 〈https: //www. youtube. com/watch? v = RfU0h1z3ZiY〉.
Schneider, S. J. (Ed.). (2021). *1001 Movies You Must See Before You Die.* London: Cassell.

▶第１章

アルク英語企画開発部編（1998）『映画で覚える英会話 アルク・シネマ・シナリオシリーズ ショーシャンクの空に』アルク．

宇田川幸洋（1979）「C・イーストウッドとマルパソの足跡」，『キネマ旬報』，776，61-63頁．

玄田有史（2010）『希望のつくり方』岩波書店．

齋藤孝（2003）『段取り力：「うまくいく人」はここがちがう』筑摩書房．

シャリエール，アンリ，平井啓之訳（2019）『パピヨン』上・下，河出書房新社．

田山力哉（1978）「人間は決して絶望しない事が大切である」，『キネマ旬報』，746，98-100頁．

デュマ，アレクサンドル，山内義雄訳（1956）『モンテ・クリスト伯』岩波書店．

バラカン，ピーター（2001）「微笑って死んでいった救世主、ルーク」ドン・ピアース著，野川政美訳『クール・ハンド・ルーク』文遊社，287-289頁．

町山智浩（2017）「町山智浩の映画塾！『暴力脱獄』〈復習編〉【WOWOW】＃ 194」，WOWOWofficial，https: //www. youtube. com/watch? v = Wt2dI0yWPdE（2023年1月31日閲覧）．

皆川博子（1978）「ラストにみる“男”の顔の変貌」，『キネマ旬報』，746，94-95頁．

渡辺武信（1979）「自由への意志の讃歌としての“脱獄映画”」，『キネマ旬報』，776，64-65頁．

Gonthier, D. Jr.（2006）. *American Prison Film Since 1930: From The Big House to The Shawshank Redemption.* New York: Edwin Mellen Press.

Kehrwald. K.（2017）. *Prison Movies: Cinema Behind Bars.* New York: Columbia University Press.

Schneider, S. J.（Ed.）.（2021）. 前掲書（序）

〈比較映画DVD〉

『手錠のままの脱獄』（*The Defiant Ones*）. Dir. Stanley Kramer. Metro-Goldwyn-Mayer Studios Inc., 1958. MGM Home Entertainment Inc., 2002. DVD.

『穴』（*Le Trou*）. Dir. Jacques Becker. Studiocanal - Magic Film S.P.A., 1960. IVC, Ltd., 2015. DVD.

『暴力脱獄』（*Cool Hand Luke*）. Dir. Stuart Rosenberg. Renewed, 1967. Jalem Productions and Warner Bros. Entertainment Inc., 1995. DVD.

『パピヨン』（*Papillon*）. Dir. Franklin. J. Schaffner. Cinemotion N. V., 1973. King Records, 2018. DVD.

『ミッドナイト・エクスプレス』（*Midnight Express*）. Dir. Alan Parker. Columbia Pictures Industries Inc., 1978. Sony Pictures Home Entertainment, Inc., 2008. DVD.

『アルカトラズからの脱出』（*Escape from Alcatraz*）. Dir. Don Siegel. Paramount Pictures, 1979. Paramount Home Entertainment Japan, 2001. DVD.

▶第２章

明石陽介編（2017）「特集 スティーヴン・キング」，『ユリイカ』，第49巻第19号（通巻712号），青土社．

アルク英語企画開発部編（1998）前掲書（第1章）

キング，スティーヴン，浅倉久志訳（1987）『スタンド・バイ・ミー：恐怖の四季　秋冬編』新潮社．

キング，スティーヴン，浅倉久志訳（1988）前掲書（序）

キング，スティーヴン，田村義進訳（2013）『書くことについて』小学館．

ダラボン，フランク（2004）「音声特典　監督フランク・ダラボンによる音声解説」，『ショーシャンクの空に』（DVD），ワーナー・ホーム・ビデオ.
Darabont, F. (2019). 'Shawshank Redemption' Director Talks Film's Enduring Appeal: Extended Interview, *NBC Nightly News*, viewed 31 January 2023, 〈https://www.youtube.com/watch?v=IZ3VIXyvRH4&t=92s〉.
Dawidziak, M. (2019). 前掲書（序）
Internet Movie Database (IMDb). 前掲URL（序）
King, S. (1982). 前掲書（序）
Nathan, I. (2019). 前掲書（序）

▶**第３章**

アルク英語企画開発部編（1998）前掲書（第1章）
姜尚中（2007）「姜尚中 映画を語る（第21回）『ショーシャンクの空に』：人生を再生させるもの。それは「希望」である」，『第三文明』，567，38-40頁.
小西友七・南出康世編（2001）『ジーニアス英和大辞典』大修館書店.
竹林滋編（2002）『研究社 新英和大辞典』第6版，研究社.
服部弘一郎（2019）前掲書（序）
濱野清志（1999）前掲書（序）
Brown, L. (Ed.). (1993). *The New Shorter Oxford English Dictionary, Volume 2 N-Z*. Oxford: Oxford University Press.
Flexner, B. S. (Eds.). (1993). *Random House Unabridged Dictionary* (2nd ed.). New York: Random House.
Guralnik, B. D. (Eds.). (1980). *Webster's New World Dictionary of the American Language* (2nd College Edition). USA: William Collins Publishers.
Huff, L. (2019). Tim Robbins reflects on the enduring legacy of *The Shawshank Redemption*, 25 years later, *Entertainment Weekly*, October 13, 2019, viewed 31 January 2023, 〈https://ew.com/movies/2019/10/13/tim-robbins-shawshank-redemption-25th-anniversary-interview/〉.
Internet Movie Database (IMDb). 前掲URL（序）
Oxford University Press. (2015). *Oxford Advanced Learner's Dictionary* (9th ed.). Oxford: Oxford University Press.

Sánchez-Escalonilla, A. (2005). The Hero as a Visitor in Hell: The Descent into Death in Film Structure, *Journal of Popular Film and Television*, 32(4), 149-156.

▶第４章

アルク英語企画開発部編（1998）前掲書（第1章）

高橋悟・石井晴子（2013）「授業の受益者は誰か：日本の高等教育に求められる授業観の転換」，『開発論集』，91，85-94.

Katz, R. L. (1974). Skills of an Effective Administrator, *Harvard Business Review*, 52(5), 90-102.

▶第５章

アルク英語企画開発部編（1998）前掲書（第1章）

トルストイ，N，レフ，乗松亨平訳（2012）『コサック：1852年のコーカサス物語』光文社.

フランクル，E，ヴィクトール，池田香代子訳（2002）『夜と霧』新版，みすず書房.

フランクル，E，ヴィクトール，霜山徳爾訳（1956）『夜と霧：ドイツ強制収容所の体験記録』みすず書房.

フランクル，E，ヴィクトール，霜山徳爾訳（1957）『死と愛：実存分析入門』みすず書房.

フランクル，E，ヴィクトール，山田邦男監訳，岡本哲雄・雨宮徹・今井伸和訳（2011）『人間とは何か：実存的精神療法』春秋社.

フランクル，E，ヴィクトール，山田邦男・松田美佳訳（1993）『それでも人生にイエスと言う』春秋社.

堀日亨編（1952）『日蓮大聖人御書全集』創価学会，761頁.

諸富祥彦（2012）『100分de名著：フランクル『夜と霧』』NHK出版.

山田邦男（2011）「監訳者あとがき」，ヴィクトール・E・フランクル著，岡本哲雄・雨宮徹・今井伸和訳『人間とは何か：実存的精神療法』春秋社.

Frankl, E. V. (1986). *The Doctor and the Soul: From Psychotherapy to Logotherapy*, (3rd ed.). New York: Vintage Books. (Original work published 1980)

Robbins, T. (n. d.). Tim Robbins Explains Why 'The Shawshank Redemption' Deserves A Happy Ending, *Off Camera with Sam Jones*, viewed 31 January 2023, 〈https://www.youtube.com/watch?v=KbU0

WPt-nYk〉

▶第６章

アルク英語企画開発部編（1998）前掲書（第１章）
イバーラ，ハーミニア，金井壽宏監修・解説，宮田貴子訳（2003）『ハーバード流 キャリア・チェンジ術』翔泳社.
大野力（1969）『転職の社会学』日本実業出版社.
カミュ，アルベール，宮崎嶺雄訳（1969）『ペスト』新潮社.
川喜田二郎（1967）『発想法：創造性開発のために』中央公論新社.
ゴーリキー，マクシム，安達紀子訳（2019）『どん底』群像社.
今野晴貴（2012）『ブラック企業：日本を食いつぶす妖怪』文藝春秋.
新村出編（2018）『広辞苑』第七版，岩波書店，1464頁及び2027頁.
武元康明（2018）『超一流ヘッドハンターが教える！ 30代からの「異業種」転職 成功の極意』河出書房新社.
古川琢也（2013）『ブラック企業完全対策マニュアル』晋遊舎.
牧野拓司（1985）『会社をやめて人生に勝つ：キャリア・チェンジで適職をつかめ』マネジメント社.
山本寛（2005）『転職とキャリアの研究：組織間キャリア発達の観点から』創成社.
Carrillo-Tudela, C, Hobijn, B, She, P, & Visschers, L. (2016). The Extent and Cyclicality of Career Changes: Evidence for the U. K., *European Economic Review*, 84, 18-41.
Cope, P. (2019). *The 7 Secrets to Change Your Career.* London: Paul Cope Publishing.
Darabont, F. (2019). 前掲URL（第２章）
Griffin, J. (1981). Midlife Career Change, *Occupational Outlook Quarterly*, 25(1), 2-4.
Robbins, P. (1978). *Successful Midlife Career Change.* New York: AMACOM.
Robbins, T.(n.d.). 前掲URL（第５章）

第７章

井島由佳（2021）「『鬼滅の刃』が教えてくれた折れない心のあり方」，『心と社会』，52(2)，102-107頁.
オリコン（2021）「上半期本ランキング『鬼滅の刃』最終巻23巻が400万部超

えで期間内最高売上を達成」，ORICON NEWS，2021-05-31，https://www.oricon.co.jp/news/2195024/（2023年1月31日閲覧）.

鎌谷崇史・中尾聡史・樋野誠一・毛利雄一・片山慎太朗・東徹・川畑祐一郎・藤井聡（2019）「大震災に対する各地域の道路ネットワークレジリエンス評価」，『土木学会論文集D3（土木計画学）』，75(5)，I_353-I_363頁.

北村正晴（2014）「レジリエンスエンジニアリングが目指す安全Safety-IIとその実現法」，『電子情報通信学会 基礎・協会ソサイエティFundamentals Review』，8(2)，84-95頁.

吾峠呼世晴（2020）『鬼滅の刃』（全23巻）集英社.

斎藤環・佐藤優（2021）「対談 コロナとメンタル（下）『鬼滅の刃』大ヒットと、高まる「依存症」危機の裏側」，『中央公論』，135(6)，158-165頁.

新村出編（2018）『広辞苑』第七版，岩波書店，1448頁.

ツヴァイク，シュテファン，山下肇訳（1970）『ジョゼフ・フーシェ：ある政治的人間の肖像』潮出版社.

TORICO（2023）「歴代発行部数ランキング」，漫画全巻ドットコム，https://www. mangazenkan. com/ranking/books-circulation. html（2023年1月31日閲覧）.

野口寿一（2019）「パーソナリティ，発達障害傾向および回復力（レジリエンス）とストレス反応との関連：労働態度尺度ScWATを用いて」，『島根大学人間科学部紀要』，2，11-17頁.

ハーバード・ビジネス・レビュー編集部編（2019）『レジリエンス』ダイヤモンド社.

堀日亨編（1952）『日蓮大聖人御書全集』創価学会，231頁.

Coutu, D. L. (2002). How Resilience Works, *Harvard Business Review*, May 2002, viewed 31 January 2023, 〈https: //hbr. org/2002/05/how-resilience-works〉.

Masten, A. S., Best, K. M., & Garmezy, N. (1990). Resilience and development: Contributions from the study of children who overcome adversity, *Development and Psychopathology*, 2(4), 425-444.

Psychology Today. (2022). *Resilience*, viewed 31 January 2023, 〈https://www.psychologytoday.com/us/basics/resilience〉.

Reivich, K. & Shatté, A. (2002). *The Resilience Factor: 7 Keys to Finding Your Inner Strength and Overcoming Life' s Hurdles*. New York: Three Rivers Press.

▶補　章

アルク英語企画開発部編（1998）前掲書（第1章）

新村出編（2018）『広辞苑』第七版，岩波書店，2173頁，2533頁及び2552頁.

ダラボン，フランク（2004）前掲DVD（第2章）

▶あとがき

ダラボン，フランク（2004）前掲DVD（第2章）

〈対象映画DVD〉

『ショーシャンクの空に』（*The Shawshank Redemption*）. Dir. Frank Darabont. Castle Rock Entertainment, 1994. Supplementary Material, 2004. Warner Home Video Inc., 2005. DVD.

（本書の中で引用したセリフは，特に記載のない限り，本DVDの日本語字幕を採用した）

《**著者紹介**》

高橋　悟（たかはし　さとる）

1962年東京都生まれ。

大阪樟蔭女子大学学芸学部国際英語学科教授。

ハーバード大学修士（教育学）。東京学芸大学博士（教育学）。

総合商社、独立行政法人国際協力機構（JICA）、政府開発援助（ODA）コンサルタント等を経て現職。主な論文に Unraveling the process and meaning of problem-based learning experiences. *Higher Education,* 66(6), 693-706.（Takahashi, S. & Saito, E., 2013）、監訳書に『最初に読みたいアクティブラーニングの本』（海文堂出版, 2017）がある。『ショーシャンクの空に』を500回以上みている自称「ショーシャンク・マニア」。

（囚人たちと食堂で語らう著者）

『ショーシャンクの空に』をもう一度みる

2023年6月10日　初版第1刷発行

著　者　高橋　悟©

発行者　萩原淳平

印刷者　藤森英夫

発行所　株式会社 晃洋書房

京都市右京区西院北矢掛町7番地

電話　075(312)0788番(代)

振替口座　01040-6-32280

印刷・製本　亜細亜印刷㈱

装幀　HON DESIGN（岩崎玲奈）

ISBN978-4-7710-3724-3